日本再発見紀行

～私の旅編

第四集

（一社）ディレクトフォース　観光立国研究会

文芸社

はじめに

旅に関する書籍は数多《あまた》あるが、『日本再発見紀行』は実業界・学界の第一線で活躍し、今や人生の秋とも言える白秋期にある旅好きの面々が五〇人ほど集い、旅への造詣を披歴したエッセイ集である。二〇一七年に第一集を発刊し、二〇二二年の第三集までは四七都道府県すべてを取り上げ、その中の観光地を主眼に人生経験に裏打ちされた蘊蓄《うんちく》を傾けてもらった。第一集から第三集までの延べ執筆者数は一五九名、紹介された地域、モノ、コトは二百数十にのぼった。

第四集の編集方針はそれまでとは趣を異にし、紀行文の原点に戻り、自ら計画した旅程の中で、地域の文化や習慣に触れた体験、見聞・出来事や思いを自由闊達に綴っていただくことにした。まずはテーマを決めることから始まる。次いで移動手段を検討し、自分の足で歩いた紀行をまとめあげることとなる。中には、今まで気づかなかった発見や感動に出会うこともあったことだろう。副題を「私の旅編」とした所以《ゆえん》でもある。

デジタル化の中でまとまった文章を書く機会がますます減ってきつつある中で、本の出版はアナログの最たるものであるかもしれない。ただ自分の書いたものが活字となり、本となり、それを読んでくれる読者がいるということは、大きな喜びである。論文や報告書を書くことについては、執筆者たちは長年の経験があるものの、エッセイを書くことはそれとは違った難しさがある。文章がかたくならず、何よりも楽しく読んでもらうことに腐心しただろうし、同時に書くことの意味とメリットを改めて感じたことと思う。

執筆者の殆どが、書くことについては素人であるものの、旅の魅力を読者に伝えたいという熱意が本書の出版を可能にした。一編二〇〇〇字前後という字数制限があり、もっともっと書きたいこともあったであろうが、限られた字数の中での執筆者の熱い思いを、行間に読み取っていただければ幸いである。

（編集委員代表　萩野弘二）

目次

北海道・東北エリア

関東・甲信越エリア

東海・北陸エリア

関西エリア

中国・四国エリア

九州・沖縄エリア

北海道

渋沢栄一男爵によって開拓された十勝清水

赤堀智行

北海道の東部にある十勝清水は、十勝平野の西部に位置し、農業の中心地であり、酪農の先進地でもある。この地は、一二〇年前までは自然そのもの、未開の地であった。

近代日本の父と呼ばれた実業家である渋沢栄一が明治三一（一八九八）年に十勝開墾合資会社を設立し、一年の調査を経て清水町熊牛で開拓が始まった。渋沢栄一は、さまざまな企業の設立や社会事業団体を設立し、その数は五〇〇以上といわれ、その多くが今の日本経済を支える大企業として君臨し、多くの成功を収めていることは周知のごとくである。

しかしながら、北海道の開拓にも尽力され、現在の日本の農畜産業の礎となったことは、殆ど知られておらず、語られてもいない。当時、未開の地であった北海道東部の十勝清水熊牛地区に開墾会社を設立し、多くの入植者とともに想像を絶する苦難を乗り越えて、現在の日本の農畜産業の先進地となったことに触れてみたい。十勝清水は日高山脈や大雪山系に面し、十勝川や佐幌《さほろ》川など多くの河川に恵まれた肥沃で広大な土地であり、日照時間も長く、農畜産業に適した地である。

今では開拓された広大な畑作や牧畜地帯であるが、入植当時はアイヌの集落が点在するだけで住む家もなく、満足な食糧や道具もなく、自然と闘い、野獣から身を守り、原始の樹林との闘いであった。

一八八六年に北海道庁が開庁され、初代長官の岩村は在京の財界人を中心に、遅れていた北海道開拓への要請を行った。渋沢男爵は、日本における農業の重要性を在京の財界人や銀行の集会で説いていた。パリ万博やアメリカ訪問の経験を通して大規模農法や機械化の必要性を推進していたが、当時の日本には適した地域や機械技術などの実現性には乏しいものがあった。

その後、農業に適した地の調査を広く行い、未開地の北海道を選び、最終的に十勝の帯広近郊と十勝清水に絞った。当時、帯広の地は多くのアイヌが住んでおり、先住民族優先の観点に加えて地形面ではアメリカに似た環境から清水に決めたといわれている。当時の北海道は、東部を除く多くの地域は屯田兵によって開拓され、歴史もあった。

美蔓から望む日高山脈
（提供：清水町教育委員会）

北海道開拓のために入植した多くの人々は全国から来ており、家業を継げない次男や三男が中心であった。また、その当時、全国的な自然災害も影響し、主なものは愛知県や岐阜県を襲った大地震、福井県や岐阜県での大洪水による大量の農地流出、全国的な大凶作が十勝移住へ拍車をかけた。

多くの開拓民は鍬一丁で入植し、未開地開墾、道路、排水掘削などをしながら蕎麦・イナキビ・馬鈴薯・麦などを作り、自供自足の生活であった。また、本州からこの地への交通手段はなく、日本海を船で函館へ、函館から太平洋東部の大津へ、そこからアイヌの丸木舟で十勝川を遡り現在の帯広近郊へ、その後は徒歩や駄馬により一〇里以上離れた目的地に着いた。

当初は、自然環境の厳しさに多くの入植者は逃げ出し、開墾の土地や道路、排水の開拓事業も一向に進まなかった。しかし渋沢男爵の開墾にかけた意志は強かった。事業規模を縮小しながらも入植者の生活環境の改善を図り、苦労をともにすることにより業績は徐々に改善していった。鉄道が敷かれ、物資の運搬や人々の往来が良くなったことも背景にある。現在、男爵が入植地に選び、最初に一つの鍬を入れた地には、開墾合資会社の跡と一九一九年に設立された当時の最高の技術で建設された二階建ての畜舎がある。現在も渋沢男爵と苦難の道を歩まれた子孫の方が酪農業を経営されている。

十勝平野の酪農地帯や畑作地帯を一望できる美蔓《びまん》展望台からは、日高山系や大雪山系、さらにはサホロリゾートを見渡すことができる。また、その周辺には多くの開拓民が入植した。男爵は開拓民やその家族のために、心の拠りどころとして大勝神社や青淵山寿光寺建立に協力した。現存しており、長い冬の生活を、渋沢ならでの楽しみ方や講習会を開いた当時の様子を窺うことができる。青淵山は男爵の雅号である。教育においても、学校設立のために出資し、開拓者への学校教育のみならず企業教育においても尽力した。この雄大な十勝平野の中心部を十勝川がトムラウシ温泉を源流としてゆっくりと流れ、この大地を潤しており、太平洋にそそぐ途中にはモール温泉で有名な十勝川温泉やサケが遡上する千代田堰堤《ちよだえんてい》、十勝ダムや発電所が存在している。

筆者はこの地で生まれ育ち、幼少期から開拓の歴史を見聞きしてきた。

想像を絶する百数十年前の未開の地は、先人たちの不撓不屈の開拓者精神により、今では日本の一大農業地帯となった。渋沢男爵は、日本の農畜産業の礎を築き、蝦夷開拓や企業・学校の教育にも尽力されたが、現在の姿を見て、どのように思うか知りたいところでもある。

海の青、雲丹の赤

北海道

森岡道博

「今年も北海道へ行こうね」妻からの提案。

大きな景色に雄大な自然、それがもたらす食の有り難さを感じられるのが北海道旅の醍醐味。札幌から車で豊平川に沿って上る。程なく定山渓《じょうざんけい》温泉に出る。宿泊しなくても立ち寄れる温泉があるので、ひと風呂いただける。温泉街を過ぎると、札幌市民の水瓶である大きなダムに出くわす。定山渓ダムとさっぽろ湖である。しばらく気持ちの良い林間を進むと札幌国際スキー場。そしてまたダム。浅里《あさり》ダムである。ダム直下を通るので、その大きさに圧倒される。ループ橋で一気に高低差を下り、浅里川温泉を過ぎると、小樽手前の石狩湾海岸へ出る。海外線と並行している線路には、ところどころに昔ながらの小さな駅舎があって、旅の情緒が高まっていく。札幌から西に向かっているので、日本海が広がっていると思うのだが、対岸に大きな山々が見える。石狩や増毛方面の山々だ。道路先の小高い山の上に、ひときわ目立つ大きな木造の建物が見える。かつて栄えた鰊《にしん》漁を偲ばせる鰊御殿で、余市から移築されてきたそうだ。小樽の中心地に入る前に、またちょっと気になる蔵のような建物がある。市の「歴史的建造物」で、銘酒「宝川」で有名な小樽の酒蔵「田中酒造」さんの亀甲蔵である。酒造りの見学ができる。ここの日本酒は小樽の水と北海道産米で造られた酒だ。北海道の日本酒の進化は、目覚ましいものがある。

小樽に到着。昔の趣を残しながらもきれいになった駅。外へ出ると少し向こうに、大きな船が泊まっている。真っすぐな広い坂道を下った先に海が見えるのは感動的。小樽の街には運河や倉庫に鉄道の廃線跡や、今は資料館やカフェになっているが日本銀行をはじめとした頑丈な作りの元銀行の建物が点在。かつて、鰊漁や石炭積出、海外貿易で栄えた北海道の商都であり金融街であったことが思い起こされる。駅の隣には「小樽三角市場」と呼ばれる魚市場があり、小さな店が軒を連ねていて、多くの観光客で活気に溢れている。ソイ、ホッケ、八角、ニシン、シャコなど北海道ならではの魚介が並び、見ているだけで楽しくなる。駅前通りの向こう側にも、戦後から続く「小樽中央市場」がある。こちらは一変して人が少ない。地元の人が主に利用するのか、量は多く値段は安い。日持ちがする出汁昆布や煮干しを、たくさん買い込む。

小樽・青の洞窟（撮影：筆者）

さあ期待の「伊勢鮨」さん。カウンターに座る。いつも握っていただく職人さんとの楽しい会話から始まる。まずは貝をつまみで。ホッキガイが絶品である。北海道の純米酒で、しばし無言にさせられる。一段落したところで、握り。ネタに合わせて、煮切り、塩、何も付けずにと、お勧め通りにいただく。小樽はシャコが有名で、小樽が面する石狩湾産という、まさに地元産。オスとメスの食べ比べができる。メスが卵を持つ季節なら最高。加えて、松皮鰈《まつかわがれい》、ボタンエビがあれば、北海道に来た甲斐あり。お土産には、自家製「のりくらげ（佃煮）」がお勧め。

翌日、さらに西へ。見晴らしの良い大きな緩い坂道を進むと、再び海岸線が近くなる。塩谷という地区。「小樽ブルー」と呼ばれる青い海と洞窟がある。小樽の港からツアーがあるが、ここ塩谷漁港から行くと、とても近い。小さな漁港からボートで海に出る。すぐに大きな岬が見え、海鳥が飛び交う中、切り立った断崖が迫ってくる。海は、どんどん青さを増していき、程なく「青の洞窟」へ。洞窟の中へ入ると光の射す海面が、まさに「小樽ブルー」。塩谷の漁港では、停泊している漁船のトイレを貸してもらう。これも貴重な体験。

最終目的地、積丹半島へ。海沿いを走る。海までの距離も高さも、とても近い。漁協直売所を過ぎ、山に差しかかると今度は牧場と林。目当ての「食堂うしお」さんが見えてきた。入るのを我慢して少し先の「神威岬《かむいみさき》」へ。車を降り少々登れば、「シャコタンブルー」の海が広がる。感動的な広大さ、まさに青い海。岬の先には灯台があり、自然の厳しいこの地に語り継がれるさまざまな歴史を噛み締めながら道を戻る。店の前に浜があり、ウニを獲りに行く木造の小舟がある。海が荒れれば舟が出せずに、ウニは手に入らない。かつ積丹のウニの漁期は、六月から八月末までと短い。インターネットで事前に調べ、その通りに辿っていく旅は安心ではあるが、現地に行ってみないと分からない要素も旅の醍醐味ではないかと思う。お店に入り恐る恐る尋ねる。「あったあ〜」貴重な蝦夷バフン雲丹（赤雲丹）丼。雲丹が、びっしり敷き詰められていて、ご飯は見えない。甘くて、とろっと濃厚、磯の香り。目と鼻と口を総動員して堪能する。ここまで来て良かったと思う一瞬。「来年も北海道に来ようね！」

北海道〜

究極の北前船とその挫折

水野勝

戦国の世の疲れが消えて一七世紀半ばともなると、民の生活は物心ともに潤いを満たそうとして、いろいろな場面で躍動し始めたようだ。例えば、お伊勢参りに人々が殺到し始めた。〝抜け参り〟と称して丁稚奉公の小僧までが出かけた。【入り鉄砲、出おんな】難所といわれた箱根の関もチェックが緩んだようだ。犬まで伊勢参りをしたとは本当の話か？　浄瑠璃や歌舞伎が大流行し始め、井原西鶴、近松門左衛門の登場もこの頃だ。身分を超えた愛憎のドラマに人はココロを揺さぶられた。

一方、海の上では弁財船《べざいせん》が活躍し始めた。後に『北前船』と呼ばれる商船群である。純然たる民間人が、売買行為を重ねながら主として日本海側の湊々《みなとみなと》を蝦夷地から大坂などの瀬戸内一帯を往来し始めたのである。幕府は、これには規制をかけた。船型や、帆の大きさなどだ。その理由は、幕府に刃向かう勢力を未然に防ぐ配慮からだった。それさえ守っておれば、まさに一〇〇パーセント民活であった。「板子一枚下は地獄」の世界だが、命を賭けて損得リスクに立ち向かう「潔さ」に海の男たちは奔走した。幕府からの【地方創生助成金】など一切なし！　いずれにせよ、平和の果実を貪るように、民衆のエネルギーは燃え盛っていたのである。

そんな時代背景に、富とロマンを求めて男たちは『北前船』に乗り出したのである。江戸の時代、家督は長男が継ぐのが原則だ。では、次三男は？　養子に出されるか、叶わなければ自らリスクをとって海に出るか、陸なら農地開拓作業に挑むか、あるいは作男にでもなるか、選択肢は限られていたであろう。

華々しい栄光物語が数多く語られる中だが、今回ご紹介するのは挫折のケースである。

天保九（一八三八）年四月（以下すべて旧暦で記載）、越中富山の西岩瀬湊を出た「長者丸」六五〇石積・二〇反帆は、当時では大型船。箱館で五〇〇〜六〇〇石の昆布を積んで運命の東回りで三陸沖への航路をとった。一一月の頃、仙台唐丹《とうに》湊で日和見した後、出港した。この辺りは、この季節非常に強い西風が吹く。その後二週間に亘って猛烈な西風が止まず、帆柱を切り、積荷を投棄し続け、ひたすら風の収まるのを祈ったが船は漂うのみ。飲み水は絶え、一〇名の乗組員のうち三名が次々に渇死。四月下旬、米国の捕鯨船団ジェームス・ローパー号に救助される。船頭平四郎、次郎吉、金蔵は船長ケツカル（Capt.Cathart がそう聞こえた）の船に、他四名は他の船に分乗。四カ月鯨捕りに付き合ったのち、ハワイに上陸。ケツカル船長は絵に描いたような潔癖にして優しい海の男だった。ハワイではまもなく船頭平四郎が病死（五一歳）。土葬に付される。米国人宣教師に大いに世話になる。残った六人は日本近辺に向かう船情報を求めてまわり、イギリス籍船で一八四一年九月カムチャッカのガヴェニャに辿り着く。ここから再度オ

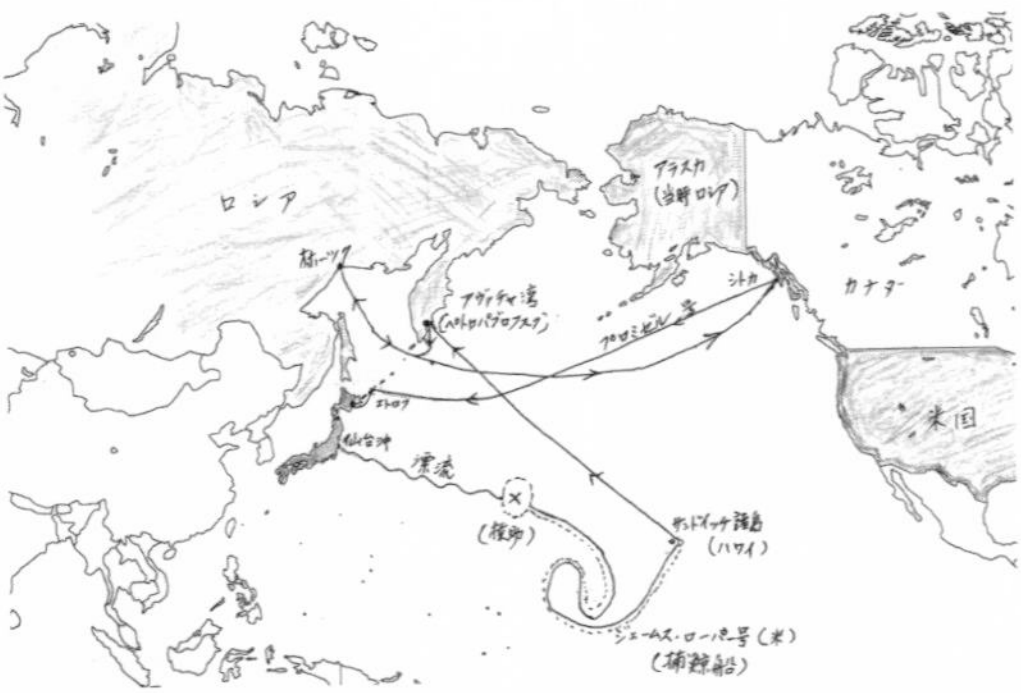

メルカトール図法で長者丸及びその後の救助船、協力船の航路を描いた

ホーツクに運ばれ、ここで日雇い労働で生活費を稼ぐ。常夏のハワイからベーリング海を横切ったわけだが、さらに、翌年七月中旬オホーツクを出帆、再度ベーリング海を逆方向で横断、九月にシートカ（シトカ）に着く。シトカには露米合弁企業【ロシア・アメリカ会社】があり、その支配人アードフ・カーロウィチの世話になる。（スエーデン人と聞くが名前はスラブ系で、雇われ支配人か：筆者注）太っ腹の好人物で、日本着岸時に必要になるハシケ（艀）の漕ぎ方などまで教わる。また、支配人から掛け時計を故国へのお土産として贈られた。

以上、長い旅路を端折って書いたが、描きたかったのは、身分の低い平民たちが、異国の人々の文字通り筆舌に尽くせぬほどに世話になり、実は民間外交を実践していたことだ。一八三八年四月に岩瀬浜を出て、天保一四（一八四三）年九月、実に五年半ぶりに故国の土（松前城下）を踏むこととなったが、江戸表での取り調べもあり、一一月に越中富山帰着。さらに弘化四（一八四七）年にも江戸勘定奉行での取り調べを受け、その収録が『蕃談《ばんだん》』になり、嘉永二（一八四九）年には、加賀藩にも経験を報告し、有名な『時規《とけい》物語』一〇巻となった。生き残った六人が帰国できたが、三人は取り調べ中に病を得てこの世を去った。最後に残った三人について現在に至るも身元確認、菩提寺などは完全には把握できていない。ひっそりと人知れぬままにこの世から消えていってしまった。

ところで『長者丸』、なにゆえにいわゆる西回りルートではなく、リスクの大きい箱館から東回りルートをとったのか？　それは、薩摩に向かうつもりであったと目されている。

富山と薩摩そして琉球と清国の間には【昆布の売り・薬材・薬種の買い】双方向で、国禁を犯してでもやり遂げたい深い々々事情があったのだ。歴史の裏通り、別の機会に譲ります。

地熱発電の八幡平と「行くべき街」の盛岡に惹かれて

岩手県

真瀬宏司

日本の食料自給率が大きな問題と考えている時期に、ＡＩ農業に知見を持ち、八幡平市に農地の確保も試行中ということで盛岡経由花輪線の北森駅で降りたら、なんと市役所に直接入ることができた。発端は食糧生産を寒冷地での実用化を目指す所謂ＡＩ－ＩｏＴ農業の試行で、この会社の基本は温水の活用だ。日本の食糧の自給率の対策には不可欠な対応策の一つとも考えられるのだ。寒冷地の冬に食糧の供給力を増やすことの試みである。そのベースの温水供給が地熱の再利用であり、今後の日本の重要なテーマであり、継続した投資と支援が必要だ。

加えてこの土地は、地熱発電所の歴史がある。実用としては八幡平の松川地熱発電所が昭和四一（一九六六）年に営業を始めたのが日本初だ。火山帯の地下にたまった天然の蒸気を地上に取り出し、その蒸気の力で発電機を回して電気を作る仕組みだ。

現在も発電所として再稼働中だが、そこへ行くのは盛岡駅から路線バスで最終地、松川温泉のすぐ隣で標高八五〇メートルもあり、関東地方の筑波山とほぼ同じ高さでこの地の積雪量は三月初めでも二メートル以上もあり、暖かい春の日にスキーカンジキ利用の雪山ハイキングも楽しめる。勿論、最高の温泉、源泉掛け流しも楽しめる。

一方、日本に一八カ所ある地熱発電所の五二万キロワットのうち、東北五カ所、六基の二五万キロワットが十和田八幡平国立公園にあり、今後一層地下から汲み出す技術などの研究開発は日本における重要課題の一つだ。昔の日本重化学株式会社という会社から移管を受けた東北電力系の東北自然エネルギー株式会社として、地熱・水力・風力・太陽光で二六カ所約一五万キロワットの再生エネルギーをこの会社が担っている。火山地帯が多い日本のエネルギーの供給力の活用と自然に囲まれた癒しの温泉と、そして食糧の供給力の増大応用に多くの人々の関心が高まることが望まれる。

二〇〇五年、合併特例法により、岩手郡西根町、安代町、松尾村が合併して八幡平市が誕生した。新庁舎の建設と同時に、花輪線の北森駅を五〇〇メートルずらし、市役所と直結させ、市民の便宜を

八幡平のドラゴンアイ（撮影：筆者）

図った。病院や憩いのスペースも併設させたことは、市長の大英断をはじめ、地域住民とJR東日本の実行力によるものである。もちろんこの花輪線の駅が八幡平市に一一駅もあることも要因の一つでもある。また住民の利便性とサービスのあり方、インフラのカバーの方法の対応は大いに参考にすべきことだ。

加えて海外の方から命名の『八幡平ドラゴンアイ』が、冬と夏との間六月頃に冬の厳しさに耐えた自然からの贈り物だ。その年の積雪量、降水量、風の吹き方などにより様子が変わる、もちろんこの地のその時自然に委ねられることと新たなIoT農業への挑戦と自然の力、そして近くの安比高原スキー場を代表する人の力を加えて最高の数多くある温泉も多くの人々を楽しませてくれ

る。

一方、盛岡市に関しては、今年「ニューヨーク・タイムズ」にて、世界の五二カ所中でロンドンに次いで行きたい街と謳われて八幡平市に隣接するこの町にも触れてみたい！

岩手県は、古代は蝦夷といわれ、ヤマト政権から異民族の土地とされていた。一二世紀に奥州藤原氏の勢力圏となり、繁栄した。天正年間に豊臣秀吉より朱印状を得ることで岩手七郡の盛岡藩となる。戦国時代の慶長三（一五九八）年、盛岡城築城と同時に都市としての形ができたのが、盛岡である。明治時代に盛岡県、その後岩手県となった。

岩手県の県庁所在地、盛岡市は人口二万人足らずでスタートしたが、今や二八万人の都市である。盛岡城は紅葉の頃が美しい。大正時代に東京駅より早く辰野金吾が設計した岩手銀行など古き良き建物がある。盛岡市先人記念館は、明治期以降に活躍した盛岡ゆかりの先人一三〇人を紹介している。国連事務次長も務めた国際人の新渡戸稲造をはじめ、総理大臣の米内光政と原敬、アイヌ語研究の金田一京助、歌人の石川啄木など、素晴らしい人々だ。約四〇〇年前に南部藩主が茶道を好んでいたため、鋳物師が求められたことから南部鉄器が発展した。十五代も続く伝統ある鈴木盛久工房に注目してほしい。十三代鈴木盛久は無形文化財にも認定された。十五代は女性初の釜師で、新たな展開を成し遂げた。十五代は、私の級友の伴侶なのだ。二〇二四年三月には、十五代の次男が十六代として、東京三越本店での襲名披露展覧会を行うと聞いている。期待している。

岩手県は日本最大の県で、四国四県と同等の面積を持つ。行政の力を最大限に活用し、岩手県の隅々まで多くの関心とインフラ整備が届きますようにと願い、大いに期待している。

宮城県

お湯はしんとろ、しんとろりん～鳴子温泉郷

平井隆一

江戸時代、鳴子《なるこ》は出羽・羽後両街道の要所であり、尿前《しとまえ》・鍛冶谷沢《かじやさわ》・中山・鬼首《おにこうべ》に宿駅があって「玉造四駅」として栄えた。この「尿前」の関所で、平泉から出羽三山を目指す松尾芭蕉と弟子の曾良が通過しようとしたところ、役人の取り調べが厳しくて往生させられた様子が『おくのほそ道』に記されている。元禄二（一六八九）年のことである。旧街道の面影を留めた林の中の山道に、「蚤虱馬の尿する枕もと」という句碑が残っている。これは、関所で思わぬ時を費やした芭蕉一行が薄暗い中、険しい山道を歩き、峠を越えたところにあった庄屋屋敷で草鞋を脱いでやっと横になった時、すぐ隣の厩につながれた馬が小便をする音を聞いた芭蕉が詠んだ句といわれている。芭蕉にしてはユーモアが利いた一句になっていて興味深い。

鳴子温泉郷の各駅をつなぐ「陸羽東線」の愛称を「奥の細道湯けむりライン」と呼ぶのも頷ける。三月のある日、宮城県の鳴子温泉に行った。昔は東北弁の影響を受けて「なるご」と濁って呼ばれていたのが、平成に入ってから「なるこ」と濁らなくなったとのこと。筆者は学生時代に親の勤務地が仙台だったため、陸羽東線に乗って鳴子温泉周辺にこけし作りを見に足を伸ばしたことがあり、五十数年ぶりに行ってみると呼び名から変わっていて時代の変化を真っ先に感じた。

鳴子温泉は千年の歴史がある。古くから福島県飯坂・宮城県秋保とともに奥州三名湯に数えられ、中世までは「玉造《たまつくり》湯《ゆ》」と呼ばれた。さらに近年では、鳴子・東鳴子・川渡《かわたび》・中山平・鬼首の五つの温泉場から構成される温泉群を鳴子温泉郷と総称する。その源泉の総数は四〇〇ともいわれており、殆どの宿が自家源泉を持っていて豊富な湯量を誇る、日本でも有数の温泉地である。

鳴子の露天風呂（撮影：筆者）

今回宿泊したのは鳴子温泉郷の中で最も山形寄りの中山平温泉にある旅館「琢《たく》ひで」。「日本秘湯を守る会」の会員でもある。この宿のとろりとした肌触りの硫黄泉は「うなぎ湯」と呼ばれ、「美肌の湯」としても親しまれている。そう呼ばれる所以は、ＰＨ（ペーハー）９前後という強アルカリ性の泉質からくる。最近、老若男女を問わず肌の保湿を重視する傾向が強まっているが、このお風呂に入ると肌がうなぎを掴んだ時のようにぬるぬる、つるつるとする上にハリと弾力を呼び起こし、さらに保湿効果も長続きするので女性に特に人気がある。

鳴子温泉郷は、昨年の「温泉総選挙二〇二二」の「うる肌部門」で全国五位に入選したそうで、肌にまとわりつくようなまったりした湯質がとみに好評であり、このお湯を味わった人でないと分からない抜群の保湿効果が、幅広い年齢層の女性からの支持率を押し上げたに違いない。「琢ひで」には多様なお風呂があり、一推しはその名も「長生の湯」の混浴露天風呂。ちょうど到着した晩に雪が降ってきたので、少々寒かったが雪見風呂を堪能できた。また「芍薬の湯」、「石橋の湯」というのもあり、中国の奥地から大きな岩をくり抜いて延々と鳴子まで運んできて設置した豪華な石風呂だ。体の芯から温まり、なんとも気持ちがいい。

この宿の食事も素晴らしい。旬の魚のお造りに天ぷら、焼物、漬物はもちろん、ご飯が宮城県産のひとめぼれに仙台味噌のおみおつけ。そして、音楽を聴いて醸されたという地元のお酒「天音《あまね》」もすっきりした味わいと香りで気に入った。

また、歩いてすぐのところに「藤治朗《とうじろう》」という蕎麦屋があるのでぜひ味わってみるといい、と宿の女性に勧められて行ってみた。天ざるを注文したが、素朴な麺と出汁の利いたつけ汁に山菜天ぷらが絶妙に合い、一気に蕎麦をすすると深山の英気を身体いっぱいにいただいた気分になった。

三月とはいえ、まだまだ遅い春の日々に、北国ならではの温泉と旬の食材と心のこもったおもてなしが辺りの静けさと相まって、素敵な休日を過ごすことができた。

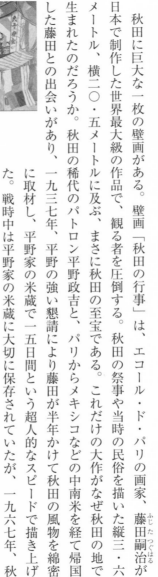

フジタの絵と秋田のまつり

秋田県

越後屋秀博

秋田に巨大な一枚の壁画がある。壁画「秋田の行事」は、エコール・ド・パリの画家、藤田嗣治《ふじたつぐはる》が日本で制作した世界最大級の作品で、観る者を圧倒する。秋田の祭事や当時の民俗を描いた縦三・六メートル、横二〇・五メートルに及ぶ、まさに秋田の至宝である。これだけの大作がなぜ秋田の地で生まれたのだろうか。秋田の稀代のパトロン平野政吉と、パリからメキシコなどの中南米を経て帰国した藤田との出会いがあり、一九三七年、平野の強い懇請により藤田が半年かけて秋田の風物を綿密に取材し、平野家の米蔵で一五日間という超人的なスピードで描き上げた。戦時中は平野家の米蔵に大切に保存されていたが、一九六七年、秋田県立美術館に展示され、二〇一三年、現在地に移転し展示されている。

画面右から中央に向かって、山王祭、梵天奉納、竿燈まつりと、春から秋にかけての秋田の祭事が華やかに展開されている。右奥の上方の岩上に武者人形などが描かれているが、土崎のみなと祭りの置き山か。秋田音頭の賑やかな歌声が響き渡り、勇壮な梵天は神社の階段を駆け上がり、竿燈まつりの太鼓の音が鳴り響く。竿燈はこれから立ち上がる瞬間なのだろうか。今にも動き出しそうな人々のダイナミックな躍動が感じ

秋田の行事（公益財団法人平野政吉美術団　蔵）
Ⓒ Fondation Foujita/ADAGP,Paris&JASPAR,Tokyo,2023 E5324

られ、観るたびに心躍り、時の経つのを忘れてしまう。

賑やかな動きに溢れた祭事の光景とは対を成すように、画面左には秋田の静かな暮らしの様子が描かれている。雪景色の中をまきや日用品を積んだ馬そり、魚などの荷を背負う人々が行き交う秋田の商人町だろうか。凛々しく立つ秋田犬、子供たちが遊ぶかまくら、二基のやぐらは原油の採掘用か。慎ましやかに、しかし強く逞しく生きる人々の息づかいが今にも聞こえてきそうである。

秋田は国重要無形民俗文化財の登録数が一七を数え、日本一。竿燈まつりは、稲穂に見立てた約二八〇本の竿燈の明かりが大通りを埋め尽くし、まるで黄金の稲穂のように揺らめき、まさに豊饒の地秋田を表しているようだ。高さ一二メートル、重さ五〇キログラムの大きさの竿燈を自由自在に操る静と動の見事な妙技は圧巻の一言である。

他にも、二〇一六年ユネスコ無形文化遺産に登録された「土崎神明社祭の曳山行事」「角館祭りのやま行事」「花輪祭の屋台行事」など伝統行事の宝庫である。特に土崎の祭は、かつての北前船による繁栄を象徴するように勇壮な武者人形を二〇台以上の山車《ヤマ》に飾り、揃いのゆかた姿で町内を曳き回す。この期間（七月二〇日、二一日）だけは町中の老若男女が燃え、華やかな雰囲気に包まれる。全国にもまれな豪快、華麗な祭りである。祭りの終盤、各町内に帰る「戻りヤマ」の囃子は哀調を帯び、ひと夏の盛時を惜しむかのようである。明治初期、『日本奥地紀行』を著した英国女流旅行家イザベラ・バードは、偶然にも土崎の祭に遭遇し、「私が今まで日本で観た中で最も陽気でお祭りらしい光景となっていた。荷車も人力車も、警官も乗馬者も、今祭りをやっている港へ皆急いでいる……港に二万二千人も他所からきている……大きな山車が二つあって、私たちは先ほどその巨大な建造物を遠くから眺めたのであった」と異国の祭を高揚した気分で興味深く描写している。

秋田市ポートタワー「セリオン」（土崎港）は全高一四三メートル、展望台から一〇〇メートルの高さがあり、三六〇度のパノラマで日本海や男鹿半島、大平山、秋田平野、さらには遠く鳥海山が眺望できる。陸上部には再生エネルギーの風力発電の風車が林立し、海上部にも日本の再生エネルギーの切り札となる大型洋上風力発電の風車が回り始める予定である。司馬遼太郎が『街道をゆく――秋田県散歩』でたたえた江戸時代の久保田藩士栗田定之丞《くりたさだのじょう》は海岸砂防林を作り人々の生活を守ったが、現代はこの強い風を利用して再生エネルギーを作ろうとするのである。

秋田市から北に向かうと、日本海を秋田沖から緩やかに弧を描くように男鹿半島が突き出している。寒風山《かんぷうざん》からの八郎潟、大潟村の自然と人間が作り出した雄大な展望、八望台展望台からの一ノ目潟などの三つのマール湖と美しい戸賀湾を見渡す眺望に魅了される。

男鹿といえば、なまはげ行事である。なまはげは本来鬼ではなく、怠け心や不和などを戒め、災いを祓い、田畑の豊作、山や海の幸をもたらす来訪神である。なまはげ館、男鹿真山伝承館に行けばその雰囲気を十分味わうことができる。

磐越西線　まぼろしの蕎麦の旅

福島県

市古紘一

郡山駅から二両列車は田園地帯を走りぬけ、緩やかな登りに入っていく。やがて右手の車窓には磐梯山の美しい姿が現れ、左手には豊富な水を湛える猪苗代湖が見えてくる。磐越西線は福島県郡山から新潟県新津まで一七五キロ、約四時間「森と水とロマンの鉄道」と親しまれている。

しばらく山裾を進むと、広大な会津地方の中心地である歴史の街、「会津若松駅」に到着した。「鶴ヶ城」の天守閣に立つと、徳川幕府を支えるため、また会津を守るため戦い続けた会津武士の義の声が聞こえるようである。戊辰戦争の史跡とともに、民芸品、郷土食などを求めて観光客も多い。会津盆地は、北の「飯豊山《いいでさん》」、東の「磐梯山《ばんだいさん》」などに囲まれており、豊富な水に恵まれ、米や蕎麦の生産地帯となっている。会津若松駅を出ると飯豊山麓の急な登りが続き、二〇分で喜多方駅に着く。街には四千を超える蔵がレトロな雰囲気を創り出している。三キロも続く並木道には一千本の枝垂れ桜が咲き乱れていた。ラーメン、蕎麦、酒と食ブランドは豊富であり、蔵を中心にいくつかのイベントを組み合わせれば、喜多方地区のさらなる活性化につながるのではと思った。

次の山都《やまと》駅の直前、阿賀野《あがの》川の支流に架かる「一の戸橋梁」を列車は渡る。一九〇八年架橋の長さ四四五メートル、高さ一七メートルの米国製のレトロな橋をSLが走る姿は、橋梁の多い磐越西線の中でも撮り鉄の人気No.1である。山都町は標高二一〇五メートルの飯豊山を主峰とする飯豊連峰山麓にある。万年雪をいただく飯豊山から流れる伏流水は、山都の里の田畑を潤している。特に高地で栽培される蕎麦は「山都在来種」と呼ばれ、全国的にも高い評価を受けている名蕎麦の一つである。

駅前を歩くとさすがに「蕎麦屋」が目につく。一〇分ほどで「飯豊とそばの里センター」の看板が見えてきた。「資料館」では「山都そば」についての資料や山都の歴史などをゆっくり見ることができた。一通り見た後、「センター」を運営している「喜多方市ふるさと振興」の方々から話を伺うことができた。山都町では一九八四年商工会が中心となり、「そばによる町おこし」を行った。この町おこしが功を奏し、「まぼろしの蕎麦」といわれた宮古地区の「宮古そば」の人気が出て、全国的にも山都そばの名が広まったとのことである。その後「新そばまつり」など年三回の祭りを開催し、また「そば大学」を開催するなど、たゆまぬ努力を続けてきて今日に至っている。

SLが走る一の戸橋梁（提供：喜多方市）

ゆっくり見る間もなく、「宮古地区」に向かった。山都駅から飯豊山に向かい、狭い山道を車で登ること約二〇分、「宮古そば」と書かれた幟を掲げる旧家が並ぶ集落に着いた。ここが「宮古地区」である。コロナ前には三〇軒くらいの集落に十数軒の蕎麦屋があったが、今営業しているのは五軒となっているとのこと。村松友視氏の『夢見そば』（一九九六年、NHK出版）の舞台である。宮古は規模が小さくなったものの、当時の面影をそのまま残している気がした。今回は集落の奥に近い「宮古そば　権三郎」を予約している。

長い間蕎麦を打ち続けてきた大女将の関口さんと娘さん夫婦にストーブが燃えている広間に通されると、すでに二組の客がそばを食べていた。本日の料理は「夢見そば」コース、刺身こんにゃく、ニシンの山椒漬け、こづゆ、山菜の天ぷらなどと地元の料理が続く。

美味しい料理を食べながら、女将となっている娘さんの話を聞いた。この地は海抜五〇〇メートルで朝晩の寒暖差が大きく、また村松氏が名付けた素晴らしい水（夢見の水）もあり、蕎麦の栽培には最適な地であるとのこと。家のすぐ近くの畑で蕎麦を自家栽培し、天日干しした玄そばを自宅で製粉して、毎朝自ら蕎麦を打っている。その蕎麦の製粉、また打ち方は独特であり、やや白っぽく、しこしことした蕎麦が出来上がるそうだ。憧れの「水そば」を口にした。蕎麦つゆではなく、夢見の水につけて蕎麦を手繰る。辛めの蕎麦つゆに慣れている者にとってはやや物足りないかもしれないが、確かに美味しい蕎麦の香りと味をしっかりと感じることができる。交通の便のよくない宮古地区においては多くの蕎麦の愛好家や観光客を呼ぶことは難しく、蕎麦屋は少しずつ減っているそうだ。しかし自ら畑を耕し、昔ながらの独特の蕎麦づくりを続ける蕎麦屋は、日本の蕎麦文化の原点でもある。関口さん一家がこれからも伝統を守って蕎麦づくりを続けていただくことを願いつつ、山を下りた。

山都駅まで戻り、喜多方市山都総合支所を訪問し、蕎麦による地域振興の取り組みについて話を伺った。昨年文化庁から「山都そば」が「１００年フード」（江戸時代から続く郷土の料理）に認定された。蕎麦による町おこし事業の取り組みから三九年が過ぎ、新たな取り組みを検討し、さらなる活性化を目指しているとのことであった。民間だけでは難しい取り組みであり、行政の動きは大きな力となるのではと思った。

南会津只見線から日本の原風景を楽しむ

萩野弘二

福島県

一度は乗ってみたいと思う鉄道路線が三つあった。一つは熊本県八代《やつしろ》駅と鹿児島県隼人《はやと》駅を結ぶ一三〇キロの肥薩《ひさつ》線。日本三大車窓といわれる霧島連山・えびの高原の眺望と四三〇メートルの高低差を越えるためのループ線、スイッチバックが見ものであるが、現在は二〇二〇年の豪雨で七割が不通、廃線の危機にある。二つ目は小海《こうみ》線で、小淵沢《こぶちさわ》からJR最標高地点一三七五メートルを通り、小諸に至る。現在では八ヶ岳高原線の別名もある。この二つの路線はすでに乗車体験をした。あとに残ったのが只見《ただみ》線である。

行きたいと思いつつも機会がなく、二〇一一年の豪雨で真ん中の只見—会津川口間が不通になり、一一年後の二〇二二年一〇月全線開通した。新潟県小出《こいで》と福島県会津若松間の一三五キロを結ぶ。名にし負う豪雪地帯の住民の足として一九七一年全線開通したが、ご多分に漏れず長い間の赤字路線としてその復活が危ぶまれていた。地域住民の熱意と福島県の後押しもあり、年間三億円の維持費を賄うため上下分離方式をあみだした。すなわち、運行はJR東日本、線路と駅は福島県が保有、地域と行政は観光客を呼び込むという地域創生のモデルとなった。コロナが収束に向かい、路線復活に伴う地域再生活動もあり、今や只見線は「世界で最もロマンチックな鉄道」と地元で呼ばれ、海外観光客の目玉になりつつある。只見線全線を通しての運行は通常一日三便しかなく、途中下車しながらの旅は難しい。冬、新緑、紅葉などの季節の土・日・祝日には臨時列車が二本ほど出るが、全線復活後の初めての紅葉の時期には山手線並みの混雑もあり、始発から終点まで四時間立ちっぱなしの人もいたとか。指定席は臨時列車のみしかない。私が出かけたのは新緑六月の平日。

往きは上越新幹線で浦佐《うらさ》駅まで行き、上越線に乗り換えて只見線始発駅の小出から旅は始まる。小出を出て三〇分、山間《やまあい》の川沿いには水田が広がる。日本の米どころ新潟県魚沼市である。やがて平地を離れ、列車は河岸段丘の中を走り、両岸からは深緑の森林が迫る。ところどころ眼下に渓流が広がる。新潟県と福島県の県境は小高い山々が連なっているため、長さ七キロほどの六十里越《ろくじゅうりごえ》トンネルを越えて福島県に入る。その昔この峠道は、六里の長さが十倍にも感じたことから名付けられた。小出を出て一時間半、日本第二位の四〇万キロワットの出力を誇る田子倉ダムによってできた田子倉湖を右手に見ると、福島県で最初の駅只見に着く。ここから列車は山岳地帯に入り、只見川を右に左に見ながら進む。只見川は水源を尾瀬沼に発し、南会津地方を貫流し、やがて阿賀野川となり新潟市に流れ込む。

只見駅から会津柳津《やないづ》駅までの五五キロが只見線観光のハイライトである。列車は順に第八只見川橋梁から第一只見川橋梁の八つの橋を渡るが、橋を走行する列車を撮影するのが撮り鉄の最大の眼目である。列車に乗っている身としては、橋の下を

只見線随一の絶景、第一只見川橋梁を望む
（撮影：筆者）

流れる川や、次々に見える形の異なる橋の優美な姿を見ることで楽しめる。沿線の風景は橋や川以外に、時には人家の点在する里山集落があり、また列車が通るたびに沿線の人たちが歓迎の横断幕を掲げたり、手を振ってくれたりする。地元の人たちの観光客誘致の熱意を感じる。初日は会津柳津の温泉宿に泊まり、レンタカーで沿線の観光スポットを巡ることにした。翌朝まずは一二〇〇年前に開創された日本三虚空蔵菩薩の福満《ふくまん》虚空蔵《こくうぞう》菩薩《ぼさつ》圓藏寺《えんぞうじ》にお参りした。ここは昔から近在の農家がお金を積み立て、講を作り、年一回お参りする柳津《やないず》講《こう》で大変賑わったとのこと。次に沿線一番の絶景が望める第一只見川橋梁ビューポイントに上った。木組みの手作り階段を三〇〇段上るが、段差がまちまちで途中で何度も立ち止まるくらいきつかった。写真で見る通りの眺めではあったが、実際に見る光景はそれとは違い、脳裏に焼き付けられ思い出としてよみがえるのであろう。近くの渓流沿いの露天風呂つるの湯でひと休憩した。ここも一二〇〇年前からある古い温泉で、泉質は少し黄濁したナトリウム塩化物泉。

観光以外でも地元の米《こめ》農家《のうか》の若者が、南会津特産の日本酒用米と吟醸酵母を使って米焼酎を開発した。ブランド名は只見町辺りの方言で「ねっか」。「まったく」などと意味を強調し、「ねっかさすけねー」で「全然大丈夫」ということらしい。吟醸香が薫り、フルーティな味わいは焼酎と思えないスッキリ感がある。会津柳津からは只見川と離れ、若松方面までは延々と水田が広がり、南会津米どころの印象を強くした。只見線を中心にした南会津は、山あくまでも深く、川幅の狭い急流渓谷に人家もまばらな秘境とイメージしていたが、全く異なり、ゆったり流れる川の両岸には、水田あり、里山風景そのままの集落があり、数世紀に亘る人々の生活が感じられる日本の原風景であった。

茨城県

日本建国のすべての始まりは鹿島神宮から

寺尾勝汎

房総半島は日本の中心である。犬吠埼《いぬぼうざき》を中心に半径千キロの円を描くと、北海道の知床半島と九州の枕崎までピタリと円内に収まる。日本の古代史は、東国をないがしろにしてきたが、近年では日本建国を縄文時代の東国に置く見方が広がっている。

一万七〇〇〇年前に縄文時代が始まる。縄文時代の人口は三〇万人ほどで、その八割は東国に住んでいた。現代日本人は、かつては弥生人の末裔と考えられていたが、近年の進化人類学の知見では、現代日本人の殆どは縄文人のＤＮＡを引き継いでいることが解明され、日本人の精神文化は縄文人に由来するものではないかといわれるようになった。

日本の歴史は神話から始まっているといわれている。日本における最初の国は日本書紀の「日高見の国」であり、それは鹿島にあったといわれている。そこがやがて「天照大神」の支配する天上国「高天原」と呼ばれるようになる。この高天原東国説は江戸時代に新井白石も唱えている。現在でも鹿島には高天原の地名が残っている。

縄文中期に人口が減り西に移動するが、古事記にいう「天孫降臨」と考えられる。九州に向かったのが「ニニギノミコト」、大和地方に土着したのが「ニギハヤヒノミコト」で、後に「神武天皇」が九州より攻め上り、ニギハヤヒは国譲りをして大和王権が成立する。これが「神武の東征」である。

それでは日本再発見の小さな旅をしてみよう。

初代天皇は前出の神武天皇といわれている。天皇家と関係する神社は三つある。伊勢大神宮、鹿島神宮（茨城県鹿島市）、香取神宮（千葉県香取市）で、このうち二つまでが常盤の国という東国にあり、しかもこの二つは二〇キロほどしか離れていない。それは建国の地「日高見の国」があったことを示すのではないか。ともに伊勢大神宮よりはるか昔に創建されている。

鹿島神宮の御祭神が建御雷「タケミカヅチノオオカミ」で武神である。香取神宮の御祭神である経津主神「フツヌシノカミ」と同じく、天照大神とは兄妹神である。天照大神の命により高天原から、出雲の葦原の中つ国平定に両神が降臨して、大国主命「オオクニヌシ」から国を譲られた。また神武天皇の東征の際にもタケミカヅチの剣で助けている。神武天皇は建国後、タケミカヅチへの感謝からゆかりの地に紀元前六六〇年に鹿島神宮を創建された。「すべての始まりの地」といわれる所以である。

岩屋古墳（撮影：筆者）

鹿島神宮は中臣氏（後の藤原氏）の祖神。藤原氏が氏神として奈良の春日大社を創建した時は祭神としてタケミカヅチが移され、運んだのが鹿であった。神鹿であり、奈良の名物である。このように、古代に神とされた鹿は、鹿島神宮の鹿園に今も飼育されている。東京ドーム一五個分の広大な境内を取り囲む「樹叢《じゅそう》」と呼ばれる、天然記念物に指定されている六〇〇種以上の巨木が連なる自然林は神秘的であり、すべての始まりを想起させる。社殿は四棟からなる複合社殿で、徳川家康および徳川秀忠によって寄進された。武士の鹿島神宮に対する信仰の篤さが偲ばれる。楼門は日本三大楼門の一つで初代水戸藩主徳川頼房によって奉納され、重要文化財となっている。

香取神宮は紀元前一八年に創建された。下総の国の一宮であり、全国約四〇〇の香取神社の総本宮である。物部氏の祖神でもある。祭神は経津主尊で剣と稲妻の神である。鎌倉、室町時代には軍階級の神社として崇敬され、源頼朝や足利尊氏から寄進を受けている。東国、中でも現在の千葉県が重要な土地であったのは、建国の地であることの他に、蝦夷に至る東国を制圧しなければ日本統一が完成しなかったからである。「ヤマトタケル」や「景行天皇」の東征が物語っている。

その証拠が古墳の数の多さである。全国に古墳は一六万基あるが、千葉県には全国で兵庫県に次いで多い四五〇〇基がある。特に前方後円墳が多い。前方後円墳はヤマト王権の葬制儀礼であり、この地が王権と深い結びつきがあったことをうかがわせる。東国経営に乗り出した人々は、浦賀水道の海路によったのであろう、そのためか南部に前方後円墳が多い。

代表的な富津市の「内裏塚《だいりづか》古墳群」を訪れたい。前方後円墳一一基を含む四七基が確認されている。五世紀中頃に築造された。墳丘長一四四メートルの、南関東では最大で履中天皇陵と同型で正確に五分の二に縮小されている。

内房線の無人駅の青堀駅前の「古墳の里ふれあい館」に詳しい案内図がある。

六世紀に入ると陸路が整備され、房総半島の中心は北に移る。陸路から江戸川水系によって太平洋に出るルートができた。北方では成田市に近い下総台地上の「龍角寺《りゅうかくじ》古墳群」を訪問したい。

愛犬も子供も喜ぶ那須高原エリア

栃木県

髙橋宜治

最近は犬を連れて旅行をする家族が増えている。関東周辺のリゾートといえば、軽井沢、箱根、伊豆高原などがあるが、那須高原ほど犬に優しいリゾート地はないであろう。

その那須高原へのアプローチは、黒磯板室《くろいそいたむろ》スマートインターからが良い。ナビを設定すると那須インターに案内されるが、トップシーズンの那須街道は大渋滞になる。そこで一つ手前の黒磯板室インターで降りるのが良い。もっともここも那須ガーデンアウトレットへの入り口となるので、シーズンによっては若干の渋滞は覚悟がいるが、那須街道よりはましである。

黒磯板室インターを降り、那須ガーデンアウトレット入り口前の信号を左折。大学通りを進み、宇都宮共和大学入り口を右折。道なりに一五分ほど進むと県道三〇号線にぶつかる。そこを右折するとまもなく、今回最初にお勧めのドッグカフェである「caféこうたろう」に着く。

ここは二〇〇二年に開店した。その時の看板犬がゴールデンレトリバーの「こうたろう」だった。それが店名となっている。現在はその系譜は途絶えている。新たに黒ラブ「ののか」（一歳）、ゴールデンレトリバーの「リツ」（二歳）、ミックスの「レオ」（八歳）の三頭が看板犬となっている。

ここのランチはパスタのセットがお勧め。サラダ、ドリンク、デザート付きで一五〇〇円は価値がある。特に季節ごとにオーナーの奥様の自家製のデザートは絶品である。

「caféこうたろう」の前を通る那須高原横断道路を那須町に向かって走り、那須高原大橋を渡ると那須町となる。橋を渡って三本目のT字路を左折し、突き当たりを左折、那須サファリパーク入り口を左に見て右折、看板に従って左折し、道なりに行くと建物が並ぶ一帯に着く。この一角に一年中ビートルズが流れているベーカリーレストラン「ペニーレイン」がある。

森の中のテラス席は、気楽に犬を連れて入ることができる。夜は一〇〇〇円の席料を払えば、二階の個室で犬同伴の夕食を楽しむことができる。お勧めは、ハンバーグとペニーレインサラダ。地元の野菜を使ったボリュームのあるサラダは、特製のドレッシングでいただける。

この他にも那須高原には、和食の「天水」、イタリアンの「ジョイア・ミーア那須店」など犬連れOKの飲食店が豊富にある。

那須高原（撮影：筆者）

那須といえば、やはり那須連山を観賞しないわけにはいかない。犬連れで格好の場所はマウントジーンズスキー場である。ゴヨウツツジ、紅葉のシーズンには期間限定でゴンドラが運航される。このゴンドラは大型犬の乗車も可である。

また、天然芝の無料ドッグランが常設されており、犬にとっては最高の遊び場である。簡易なトレッキングコースは一時間程度で一周できる。山頂のレストランは犬連れ専用のコーナーも用意されている。

那須に隣接の穴場を紹介。小一時間もドライブすれば、素敵なロケーションに辿り着く。二カ所ほどご紹介しよう。

一つは、福島県岩瀬郡天栄村《てんえい》、羽鳥湖高原にあるエンゼルフォレスト白河高原。ここはペットと泊まれる宿泊施設が充実している、一方で日帰り温泉も楽しめる。駐車場も人も入場料は無料である。犬の入園料を払い、管理センターでチェックインするとエチケット袋など一式が渡される。

ここには数種類のドッグランや足湯などの施設が完備されている。特に私（というより愛犬）が喜ぶのは、ノーリードで森林浴のできるドッグランコース。自然の地形を生かした数百メートルのアップダウンは犬にとっては解放された感覚があるのか、跳ね回る姿は、見る方も嬉しくなる。犬が少し落ち着いたら周囲二キロ程度の湖を散策。三〇分程度で一周でき、犬も人間もちょうど良い運動になる。

那須の奥座敷をもう一つ紹介しよう。

それは福島県西白河郡西郷村にある西郷瀞《にしごうとろ》である。阿武隈川の渓流が創り出す、雪割橋から二キロほど下流にある景勝地である。清流とはこの流れを言うのかと思うほど澄んだ流れは、新緑や紅葉を映して、まるで絵画を切り取ったような感動的な情景を見ることができる。

盛夏においては身も心も癒す流れとなる。愛犬もなかなか流れから上がろうとしない。渓流の深さは深いところでも五〇センチ程度である。子供たちと一緒に遊ぶ愛犬の姿は日頃のストレスを一気に発散させてくれる。

那須高原と隣接する福島のこの地域は、まさに犬連れの天国である。

かかあ天下と空っ風～相田みつをの里、足利

秋山武夫

栃木県

ニューヨーク在住四〇年を超える筆者が、故郷足利に向けての旅に出る。日本への出国のための煩わしい手続きを終え、機中の人となる。一息つき、楽しみの食事のメニューに目を通す。まずはワインだ。なんと有名なワインの中に日本のものがあるではないか？ それも甲州のものではなく、故郷足利のココワイン、「二〇二〇年農民ロッソ」。製造元であるココファームは、一九六九年に設立された知的障害者の施設「こころみ学園」を母体としたワイナリーで、一九八四年からワイン造りを開始している。「メルローもマスカットＡなど五種類のブドウをブレンド、ブラックチェリーに土っぽい香りが上品で、旨みの広がるタンニンの優しい味わいがある」と評判だ。今回の足利市の探訪、幸先良い。ワインを満喫しながら、機内でくつろいで、いざ、故郷に向かおう。関東平野ののどかな田園風景をゆっくりと楽しみながら、東武伊勢崎線で北千住より一時間、しばらくすると前方に山が見えだす。足利だ。足利市駅に降り立つ。駅は高架になっていて、市の全貌を見渡すことができる。関東平野の北端に位置し、目の前に渡良瀬川、後ろは日光連山が連なる。北も南も、西も東も、山と川に挟まれた美しい町だ。二〇二三年に「ブラタモリ」で足利が紹介されたが、彼は足利のことを〝ドンヅマリの町〟と呼んでいた。

足利市駅から北の市内に向かう。まずは渡良瀬川にかかる中橋を渡る。小都市には似合わぬ大きな

川が渡良瀬川、蛇行した川の先には赤城山が見える。上流にある橋が森高千里の歌に出てくる渡良瀬橋、太陽が川面に反射する夕暮れの景色は格別だ。

足利の観光スポットは数多いが、足利学校と織姫神社の二つを訪ねる。中橋を越え、一〇分ほど歩くと足利学校に着く。入り口で学生証と書かれた入館証を受け取り、入徳門、学校門、杏壇《きょうだん》門の三つの門をくぐると、敷地内に孔子廟や方丈、大成殿など歴史上貴重な建物が見られる。足利学校は日本で最も古い学校として知られており、創建は平安時代とも鎌倉時代初期ともいわれている。受け取った資料の中に「かなふり松」のエピソードがある。

足利学校（ウィキペディア）

「足利学校の七代目の校長の九華《きゅうか》がまだ若かった頃。一人の生徒が漢字が難しくて読み方が分からないと悩んでいるところに、九華が偶然通りかかった。九華は生徒に、『分からない漢字を紙に書いて外の松の木に結んでおくと翌朝には読み方が書いてあるそうじゃよ』と話した。生徒は早速紙に大きく漢字を書いて松の枝に結んだ。翌朝早起きをした生徒は松の木に走る。枝に結びつけた紙を見ると、漢字にフリガナが振られているではないか。これを見た生徒は大喜びをし、他の生徒たちにも自慢した。次の日から松の木にはたくさんの紙が結ばれるようになっていたが、どれだけ多くの紙が結ばれても、翌朝にはすべての漢字に仮名が振られている。生徒たちは誰がそうしているのか不思議に思い、一晩中松の木を見張ることにした。その夜、松の木をじっと見張っていると、影が松の木に近づいていく。よく見るとそれは校長の九華だった。九華は生徒が漢字を読めないのは自分の教え方が悪いからだと、一枚一枚丁寧に仮名を振っていた。それを見た生徒たちは九華に余計な世話をかけてしまったことを反省し、それ以降生徒たちは松の木に頼らなくていいように勉強に励んだ」

学校門、杏壇門の間にかなふり松がある。桜や紅葉、梅も楽しめるが、松は格別である。

次は織姫神社。伊勢神宮の直轄であり、天照大神の絹を織っていたという足利は、平安の頃から織物の産地として栄えており、明治大正時代は、足利銘仙が特に有名であった。市内の西、山の中腹にある織姫神社には一三〇〇年の歴史と伝統を誇る機業地足利の守護神が奉られており、産業振興と縁結びの神様として足利市民に広く親しまれている。織物は経糸《たていと》と緯糸《よこいと》が織りあって生地となることから、男女二人の神様をご祭神とする縁結びの神社といわれるようになり、神前結婚式も行われている。夜はライトアップし、幻想的な雰囲気を醸し出す。昔より機織りの町として女性が生活を支えてきたことから、足利は女性の地位が高い。また冬には赤城山からの乾いた風が吹きあれる。「かかあ天下と空っ風」の町、足利である。

最後に足利が生んだ個性豊かな書家、詩人相田みつをと足利銘菓古印最中について触れよう。「ひとつのことでもなかなか思うようにはならぬものです　だからわたしはひとつのことを一生けんめいやっているのです　香雲堂主人」この書は足利市内にある和菓子の老舗「香雲堂本店」の古印最中の栞として使われている言葉で、相田みつをが主人の思いを綴った言葉である。

古印最中を頬張りながら足利の街を楽しんで帰りたい。

千葉県

来て　見て　松戸！

山口隆

千葉県松戸市は、人口約五〇万人、東京駅まで電車で三〇分の交通至便な場所に位置する。筆者は松戸在住四十余年だが、フルタイムの仕事から離れて時間に余裕ができ、松戸の街探索を始めた。

松戸でまず訪問したいのは、水戸藩主徳川昭武《とくがわあきたけ》の別邸として明治一七（一八八四）年に建造された戸定邸《とじょうてい》（国指定重要文化財）である。松戸の一角に明治初期の邸宅・庭園が残されている。松戸駅から徒歩一〇分、商店街・住宅街を抜けて行くと小高い丘の上にある。徳川昭武は江戸幕府最後の将軍徳川慶喜の弟である。水戸から江戸へ通じる水戸街道の主要な宿場町として栄えた松戸で、江戸川を眼下に眺め、遠くに富士山を望む穏やかな光景が広がる場所である。

昭武は慶応三（一八六七）年のパリ万博に徳川慶喜の名代として派遣されている。渋沢栄一も派遣団の一人だった。その後パリ留学など、当時はまれな国際派の人物である。最後の水戸藩主としての昭武にとっては、大政奉還など時代の大きな変わり目を経て、戸定邸が落ち着く場所だったのかもしれない。戸定邸のボランティアガイドからは、座敷の床の間に背を向けて座り、庭園を眺めると最も良い景色が見えるように設計されていると説明を受けた。日本庭園に洋風が取り入れられているのも昭武の欧州歴訪経験からくるものであろう。

徳川慶喜もこの場所を好んだようだ。たびたび松戸を訪れ、宿泊している。慶喜から昭武宛に訪問希望を伝える文書も残されている。戸定邸隣接の松戸市戸定歴史館内に昭武の趣味であった写真や徳川家に関する貴重な資料が展示されている。庭園にはソメイヨシノの大木や、梅、もみじの木があり、春は梅、桜、秋は紅葉を楽しめる。

戸定邸（提供：松戸市戸定歴史館）

次は歌でも有名になった「矢切の渡し」へ。松戸駅からバス、あるいは北総鉄道矢切駅から向かう。江戸川の川幅が約一三〇メートルと狭くなった両岸に船着き場があり、対岸の葛飾区柴又はすぐそこに見える。昔から変わらぬ木製の手漕ぎ船で少し上流へ廻り、江戸川ののどかな風景を眺めながら進む。河川敷ゴルフ場はすぐそばで、プレーをしている人が見える。船着き場から下流の近くには浅瀬があるので、船は下流には向かわないのだと船頭は言う。下流でレジャーボートを飛ばしている人も浅瀬を避けて矢切の渡しまでは来ない。対岸まで真っすぐ行けば五分とかからないところをゆったりと一〇分近くかけ、渡し舟は進む。対岸の船着き場からは、寅さんで有名な柴又帝釈天も近く、松戸からの散策コースで矢切の渡しを利用して訪れる人も多い。

矢切の渡し近くは畑が広がっており、「矢切ねぎ」が有名である。江戸川沿いで水分が多い土壌がねぎの生育に適しており、栽培技術と相まって、白い部分が長く太く、甘みのあるねぎが誕生したのだといわれる。季節によっては、矢切の渡しの帰りに農家直売の矢切ねぎを購入するのも楽しい。また、近くの江戸川を見下ろす小高い丘の上には、野菊の墓文学碑がある。伊藤左千夫の小説『野菊の墓』は矢切を舞台として展開し、矢切の渡しも登場する。筆者は何十年も前にこの小説を読んだが、当時は「矢切」という設定は架空のことのように思われた。改めて読み返したら、矢切の渡しのイメージと重なった。

JR北小金《きたこがね》駅から徒歩一〇分のところにある建治三（一二七七）年建立の本土寺は、あじさい寺で有名でシーズンには多くの人が訪れる。筆者もあじさいを見に何回か訪問したが、色とりどりの五万株のあじさいは見事である。本土寺入り口の仁王門へ向かう参道は、桜並木が連なっており、満開時には桜のトンネルとなる。仁王門に近い地元のお店では、簡単な食事ができ、また地元で採れた新鮮な野菜を販売している。お店の主人によれば、桜並木の根元にはユキヤナギが植えられており、春になるとユキヤナギ、そして桜が開花する。ただ、地球温暖化のせいか近年は、ユキヤナギと桜が同時に開花するようになっている。筆者が久しぶりに訪問したのは、あじさいにはまだ早い時期だった。

本土寺の帰りに仁王門近くのお店をのぞくと「あじさいねぎ」を販売していた。お話を聞くと、「あじさいねぎ」は本土寺近くで多く栽培される青ねぎ（葉ねぎ）を命名したもの。松戸には、白ねぎ（長ねぎ）の矢切ねぎとあじさいねぎがあるので、矢切の渡し・本土寺訪問の折にはそれぞれのねぎをお土産に買い求めたい。

松戸駅周辺はラーメン激戦区として有名である。人気店はいつも入店待ちの列が見られる。松戸を訪れた機会にぜひ、人気ラーメンを味わってほしい。駅近くには、旧松戸伊勢丹のビルがリニューアルされて、「キテミテマツド」というモダンなショッピングビルに変貌している。

東京都

地域住民と共に、武蔵野の自然

藤田卓

　ＪＲ武蔵小金井駅から小金井街道を南下し、前原坂上を過ぎて妙貫坂《みょうかんざか》を左折すると、緑地が点在する「はけの道」に出る。これらの緑地を見上げながら歩くこと数分、左側に欅の巨木に囲まれた小金井市立「はけの森美術館」が現れる。この美術館は、洋画家で芸術院会員であった中村研一（一八九五～一九六七）が後年過ごした旧宅のアトリエを建て直してできた。裏手に廻れば旧宅や茶室が昔ながらの佇まいをみせており、隣接する傾斜面の緑地に足を踏み入れると、小鳥のさえずりが耳に響き、また湧水の溜まり場に出会うなど、「はけ」での住環境が窺い知れ、興味深い。

　この周辺は、昭和の文豪大岡昇平の小説『武蔵野夫人』の舞台となったことで知られ、立川を起点として東南に連なる「国分寺崖線」に位置するが、周辺の貴重な自然を残したいという近隣の住民の声に応え、平成二年から東京都市町村樹林地公有化資金の適用を受け、保全されている。

　一般に「崖線」や「はけ」といっても日常あまり聞き慣れない言葉である。崖の連なりを意味する「崖線」はともかくとして、「はけ」という言葉は分かりにくい。大岡正平は『武蔵野夫人』第一章「はけの人々」で、その意味を細かく分析し、段丘の斜面にできた「窪地」を指すものらしいと結論づけている。いずれにせよ崖線とセットでとらえ、段丘崖線の比較的平坦な部分を「はけ」と考えてよいのではないか。

さて多摩武蔵野台地の地形に決定的な影響を与えた国分寺崖線は、立川を起点とし、国分寺、三鷹、深大寺、調布と連なっているが、現在は宅地化、農地化が進み、緑地は塊として点在するのみだ。

武蔵野市に属する吉祥寺は、東京都内でも有数の人気のある街である。人気の秘密はJR吉祥寺駅を挟んで北側には戦後を思い出させるレトロな「ハーモニカ横丁」などがあり、南側には、武蔵野、三鷹両市にまたがって広がる水と緑豊かな井の頭公園や自然文化園が訪れる人々を魅了するのだ。公園の中央に位置する井の頭池は、善福寺池（杉並）、三宝寺池（練馬）と並んで武蔵野台地の三大湧水池とされている。かつては七カ所からの湧水が水源であったが、湧出量の低下とともに昭和三〇年代に入り、地下水のポンプアップが始まり、現在に至っている。

さらに井の頭池は神田川の水源という重要な役割を果たしている。神田川（旧名神田上水）は、公園の南側を並行して走る玉川上水とともに江戸時代初期に完成、「お江戸」の発展を支えた。将軍家光は、特にこの地をしばしば訪れ、狩猟を楽しんだようだ。

はけの森美術館（撮影：筆者）

多摩武蔵野の地形上の特徴といえば、崖線による高低差、地下水の豊富さなどであるが、「井の頭公園」や国分寺の「殿が谷戸《とのやと》庭園」を訪れると、これらの特徴が実感できる。

我らの文集『日本再発見紀行』も今回で第四集となる。第一集の発刊が二〇一七年だから今年で足掛け七年、この間、第一集で武蔵野南部（多摩武蔵野）、三集で北部、今回の四集で総集編とまさに武蔵野漬けの七年であった。各地に足を運ぶたびにその魅力に取りつかれていったが、一番感動したのは、広大な武蔵野の自然をできるだけ残していきたいという関係者皆さんの長年の努力である。国木田独歩をして「最も武蔵野らしい面影を残す地域」と言わしめたのは、東久留米市から田無（西東京市）にかけての一帯。その東久留米市にある古民家「顧想園《こそうえん》」、四〇〇〇坪に及ぶ広大な屋敷林には欅、白樫、杉などの巨木が林立し、まるでかつての原生林に迷い込んだかとの錯覚を抱くほどである。第三集でも触れたが、この背景には、初代園主の村野啓一郎さんの熱意により、顧想園を含む周辺地域が市街化調整区域に認定されたことが大きく貢献している。また埼玉新座市にある平林寺の一〇万坪を超える広大な境内林、志木市の慶應義塾志木高等学校敷地内にある欅を中心とした原生林を思い起こさせる一角（校内林？）、さらに本稿冒頭で取り上げた「はけの森」緑地保全に対する近隣住民の声など、武蔵野の自然がそれぞれ関係する皆さんにより守られていることを実感し、改めて深い感銘を覚えた。

武蔵野台地の自然は、江戸時代になって幕府実力者の才覚で農地化、宅地化が進み、自然と人間の生活がより密接することとなったが、独歩の明治中期から百数十年経った現代では、怒濤のごとく押し寄せた産業化の波で緑地帯も激減した。この七年間、筆者が訪れた武蔵野各地は、全体から見ればごく一部にすぎないが、この限られた自然をできるだけ後世に残したいという人々の努力は既述のごとく形としてあちこちで残っており、これからの武蔵野の自然も、地域の人々の知恵と努力で生き続けていくであろうとの確信を得ることができた。

時刻表の楽しみ、駅名で知る歴史

首都圏

小林慎一郎

今や時刻表を手元に置き、旅の計画を立てることは少なくなった。殆どの場合、スマホで出発地と目的地の駅名を入れれば、即座にどの列車に乗れば良いか答えが出てしまう。アプリの良いところは、首都圏の複雑な路線が絡み合っているようなところでは、ちょっと気の付かないような便利な乗り換え経路の候補をいくつか答えてくれる。安く行く方法、早く行く方法なども選択できる。それはそれで、スマホでの検索は素晴らしい。ところが、アプリは便利すぎて、例えば、各駅停車でゆっくり路線を楽しみたいとか、わざと遠廻りをして、途中下車したい時には、なかなか期待する答えが出てこない。世の中で、そのようなニーズは少ないからだろうが、鉄道ファンにとっては、物足りないこともある。そんな時、旅の目的に合わせて時刻表で丹念に調べていくと、仮に実際に旅をしなくても、旅に出たような気分になる。

実は時刻表で調べて困ることも時々ある。実例で言うと、新幹線の各駅に停まる「こだま」や「やまびこ」で、「のぞみ」や「はやて」に追い抜かれる駅で降りて、在来線に乗り換えようとした時、時刻表では待ち合わせ時間がなく乗れないように見える時でも、実は一本前の列車に乗れる時がある。時刻表は原則として発車時刻が記載されており、途中駅では到着時刻の記載がないことが多い。そこで、乗れないはずの乗り継ぎができることがある。

西村京太郎や松本清張のサスペンス番組でも、アリバイを崩すために、しばしば取り上げられている。今は殆どなくなった寝台特急列車の夜半の停車駅などのケースである。以前、時刻表検定という試験があり、鉄道好きの小学生から、旅行会社に就職して資格を生かしたい若者、脳の活性化を図りたいシニアなど、多様性のある資格であり、私も第一回の試験を受験した。実際の試験問題は覚えていないが、類似の出題で次のような問題があった。『新潟発秋田行きの「いなほ」が羽越本線のどこの駅で、先行する各駅停車を待ち合わせて追い抜くか答えなさい』という問題であった。まさに出発時刻の記載しかないローカルな駅を時刻表から探るものである。二つの隣接する駅の各駅停車数本の出発時刻を比べて、一本だけ、五分しかかからないところを、ある列車は一〇分かかっているように記載されていれば、その駅で待ち合わせていることが分かるのが答えに導く手段である。この手法で時刻表には載らないイベント列車で、今は通常運転をしていない寝台列車カシオペアを田園風景の中で撮影したことがある。

羽越本線を行く臨時列車カシオペア号
（撮影：筆者）

　このようなことが分かって、何の意味があるのか。鉄道が趣味でない方には、全く理解できないことであろう。しかし、撮り鉄にとっては、時刻表にない特急列車の停車しない駅間を何時何分頃に通過するかは、撮影ポイントを押さえるためには重要な情報である。それが趣味というものである。どうでも良いことを知っていることは、人生に潤いを与えるものであると信じている。

とはいうものの、趣味と実益が結びついて悪いことはない。中学高校時代に時刻表で駅名を覚えることで、地理や歴史の勉強の役に立った。例えば「追分」の付く駅はＪＲにいくつぐらいあるだろうか。信濃追分、安曇追分、美作追分など。旧国鉄では、全国に同じ名前を付けると混乱するので、各地方で呼ばれている地名を駅名にする時、二つ目以降は、江戸時代以前の国名を頭に付けた。地理を勉強する上で役に立った。地名に追分が付いた理由を調べると、かつての街道の分かれ道であった。各地の追分節も物悲しいのは別れの唄なのだろうか。江戸の西の守り甲州街道と青梅街道の分かれ道、内藤新宿には老舗の追分だんごがある。ここで一服して旅に出たのであろう。

上総一ノ宮、三河一宮、遠江一宮、尾張一宮、飛騨一ノ宮、備前一宮などでは、平安時代に国府や一之宮を各国のどこに設置したかが分かり、歴史の勉強になる。今は静かな町でも、歴史的には行政、商業の中心であったのだ。

ここで問題。首都圏で武蔵の付く駅名はどのくらいあると思いますか。

武蔵浦和、武蔵小金井、武蔵小杉、武蔵溝ノ口など一五以上はあると思う。大正期に新しい東京の街を建設するため、砂利と川崎沿岸の工場にセメントを輸送する目的で敷設された南武鉄道の現南武線には、特に、武蔵を冠する駅名が続く。武蔵の国は、ほぼ東京都と埼玉県のはずであるが、一部、神奈川県川崎市が混ざっている。なぜだろう。調べたところ、今は多摩川が県境であるが、関所のあるところが国の境であった江戸時代には、現在の川崎市東側は武蔵国《むさしのくに》であることが分かった。

この『日本再発見紀行』は旅の本だが、旅行案内本ではない。時刻表の上で旅をしながら、いろいろなことに思いを巡らすのも一興だ。

神奈川県

工場地帯ならではの景色、ＪＲ鶴見線

三浦陽一

横浜にある鶴見は知っていても「鶴見線」と言われたら首をかしげてしまうのが、多くの方々の反応であろう。品川駅から京浜東北線で二〇分、横浜市に入って最初の駅が鶴見駅だ。ここから海沿いの工業地帯に向けて手の指のように路線を伸ばしているのがＪＲ鶴見線である。大正一五（一九二六）年に鶴見臨港鉄道として開通した路線で、沿線の工場からの貨物輸送に加え、工場労働者の足として、また最近は沿線の住宅開発に伴い、住民の足としても活躍している。

もともと沿線に立ち並ぶ工場の貨物輸送のために開業した路線とあって、実は鶴見線には当時の経済人の名前を冠した駅がいくつも現存している。鶴見から四駅目、海芝浦《うみしばうら》支線への分岐点となっている浅野駅は浅野セメント（現太平洋セメント）の創設者で、鶴見臨港鉄道設立の発起人でもある浅野総一郎にちなんでつけられた駅名だ。また、鶴見線の終点の扇町駅も浅野家の家紋である扇にちなんで名付けられたという。

浅野駅の隣にあるのが安善《あんぜん》駅で、安田銀行（現みずほフィナンシャルグループ）を中心とした安田財閥の創設者、安田善次郎にちなんだ名前だ。安善駅から分かれる支線の終点大川駅は日本最初の製紙技術者として数々の製紙会社の立ち上げに関わり、製紙王と呼ばれた大川平三郎の名前を冠している。この支線は週末には一日わずか三本しか電車が走らず、文字通りのローカル線と化してしまうのが驚きだ。安善駅からさらに進んだ隣駅の武蔵白石駅も日本鋼管（現ＪＦＥスチール）の初代社長白石元治郎にちなんだ駅名だ。白石氏は浅野総一郎の娘婿でもあるが、同じ路線の鉄道駅に親子が名を連ねているケースは他にないのではなかろうか。

開業からすでに一世紀近く経つ鶴見線だが、多くの駅は開業当初の雰囲気を色濃く残している。工業地帯への通勤路線という性格上、電車の本数も朝夕は多いものの、それ以外は地方のローカル線並みに少なく、もし鶴見線に乗るなら事前に時刻表を調べておくことは必須だ。ただそれだけの手間をかけても行く価値があるのが、この線の面白いところで、行く機会があったらぜひ訪れてほしいのが、始発駅鶴見の次の国道《こくどう》駅、それに海辺に面した海芝浦駅だ。国道駅はその名の通り国道一五号線に面して入り口がある高架駅で、昭和五（一九三〇）年一〇月に鶴見臨港鉄道が鶴見まで延伸された際に開業した。開業からすでに九〇年余り経つが、建設当時の構造がほぼ今に至るまで残っている首都圏では珍しい駅だ。

終着駅海芝浦（撮影：筆者）

ホームを降りると、高架線で線路を挟んで向かい合うホームをまたぐ鉄骨のアーチが目を引くが、これも建設当時のままでレトロな雰囲気を醸し出している。ホームから階段を下り、薄暗い高架下に降りていくと、まるで異次元の世界に入っていくような感覚を覚える。鶴見線は始発の鶴見駅以外は全駅無人駅で、しかも二〇二二年三月を以て全駅で紙の乗車券を廃止してしまったので、スイカやパスモなどのＩＣカード乗車券でしか乗車できないのだ。

改札を出ると、そこは高架下。薄暗い高架下の通路を挟んで不動産屋や居酒屋が並んでいる。昔は結構活気に溢れていた雰囲気もあるが、今は多くの店が閉店し、ベニヤ板がドアに打ち付けられていたりしていて、令和の時代に平成を通り越して昭和の世界にタイムスリップしたようだ。中には夜になったら開いていそうな居酒屋も数軒あったが、地元の人には申し訳ないが、暗くなってからこの駅に降りて高架下の居酒屋に入るには相当な勇気がいりそうだ。

駅の高架下を歩くだけでも見どころ満載なのだが、国道駅のすごいところは駅の国道側の入り口脇に、戦時中米軍機の機銃掃射を受けた跡が今も残っていることだ。この部分はネットに覆われてはいるものの、下から見上げるとコンクリートの壁面にいくつもの弾痕が残っているのがはっきりと分かる。鶴見線にはここ以外にも機銃掃射の跡のある橋梁もあるが、工業地帯にある貨物鉄道ということで狙われたのであろう。とはいえ、工業地帯を狙った激しい空襲にもかかわらず、この駅や鶴見駅がよく破壊されずに残ったものだと感心した。

国道駅から海芝浦行きの電車に乗ろう。浅野駅で扇町方面へ向かう線から分かれ、運河沿いに二駅走ると終点の海芝浦駅だ。電車を降りると一面一線のホームの反対側は海。工業地帯を行き交う船がゆっくりと動いていくのが見える。ホームから釣り糸を垂らせばキスやカレイが釣れそうな駅だが、この駅は実は隣接する東芝系工場の専用駅。一般の乗客は下車することができないが、ホームの端には工場の敷地の一部を利用した小さな臨海公園があり、ここから行き交う船や鶴見つばさ橋を眺めることができる。首都圏の無人駅で臨海工業地帯の夕景を楽しむのも一興であろう。

旧き良き城下町、小諸

長野県

矢ヶ崎隆二郎

故郷、なんという甘い、懐かしい響きだろうか。故郷とは出身地だけでなく、大都市も含めて幼い頃住んだ一番思い出の深いところかと思う。私は父が転勤族であったため、海外も含め平均三年くらいで各地を転々とした。まだ白い砂浜と市電があった横浜の磯子も懐かしいし、暑いインドの思い出もある。しかしやはり私の故郷は、両親の出身地である信州小諸である。小さい頃、夏休みに帰省する際は、当時まだ蒸気機関車の信越本線で上野から七、八時間かかったと思う。横川で碓氷《うすい》峠を越えるためにアプト式の電気機関車に切り替え、熊の平を過ぎ、二六のトンネルを超えると軽井沢の高原に出る。「さあ、祖父母のいる小諸までもうすぐ」と高原の澄んだ空気を吸ったものだった。

そして私事も多く含めて恐縮だが、これから故郷の小さなスケッチを描きたいと思う。

なお、軽井沢にも矢ヶ崎の地名が多いが、これは遠い昔の先祖が諏訪方面より移り住んだため地名として残ったようだ。さらにその一部が小諸へ移り、これが私の直接の先祖となったわけである。

小諸は牧野氏一万五〇〇〇石の小さな城下町で、信濃国東部、北国街道、中山道の要衝にあり、ご多分に漏れず今はシャッター通りが多いが、昔は旅人や物産の往来が激しかったと聞いている。土地の高原性と寒冷性は、小諸人に勤勉な性格（私自身は疑問だが）を植え付けた。昔は小諸は商人の町ともいわれたのも、ここからきたと思う。一帯は浅間山の傾斜地にあり、水田は少なく、小さく区切った畑地が多かった。そこに昔の農家は桑を植え、蚕を飼った。そのため小諸は製糸が盛んな町であった（富岡ばかりではないですよ）。私の小さな頃、町にはまだ多くの町工場で繭を茹で、生糸を紡いでいたのを覚えている。どうして繭からあれほど上手に糸を取り出し紡いでいくのか、飽きずに見ていたものである。しかし、戦後のナイロンなどに駆逐され、墓参りのたびに町を歩いてみるが今はその面影が全くなくなったのは寂しい限りである。

小諸の街は寂しくなったが、まだ頑張って人を呼んでいるのは、懐古園（小諸城址）と島崎藤村関係であろう。懐古園は駅のすぐ西側にある。昔から遊園地、一部動物園もあり、幼い頃は祖父母に連れられてその小さな遊園地、動物園に行き、興味津々熊や猿の檻を見ていた。皆様もそうであろうが、大人になっても旅行先、勤務先で動物園、遊園地を見ると入りたくなるのもこの幼い時の記憶によるものだろう。また城内には「千曲川旅情の歌」――小諸なる古城のほとり雲白く遊子悲しむ――の藤村の詩碑と記念館もある。藤村は東京より小諸義塾へ明治三二（一八九九）年に英語と国語の教師として赴任し、六年ほど滞在した。その際の印象をもとに後に『千曲川旅情の歌』や『破戒』を書いた。私の曾祖母の家に数カ月下宿したそうで、母が言うには使った文机やランプがあったとのこと。母は「もし残っていれば骨董屋に高く売れたのに」と悔しがっていたのを覚えている。曾祖母によれば、あまり風采

小諸城址大手門（撮影：筆者）

の上がらぬ、ぱっとしない人で、後であれほど名前が上がる人とは思わなかったそうだ。また懐古園内の端は崖になっており、その展望台からは千曲川が見渡せる。千曲川は鮎釣りの名所で、夏休みにはよく祖父のお供で私もついて行った。今も釣りが趣味の一つであるが、この影響があると思う。

故郷の自慢と宣伝ばかり述べて恐縮だが、やはり言いたい。小諸は昔に比べて活気がなくなったのは残念だが、代わりに静かな自然と旧き良き城下町の雰囲気が戻ってきたのではないか。大河ドラマ「真田丸」で徳川秀忠が中山道より関ケ原に行く途中、上田城攻めで足止めを食らい、間に合わなかった場面があった。その際秀忠が本陣としたのは「海應院《かいおういん》」という寺であり、これはまだ大きな寺院として残っており、訪ねてみるのも面白い。その他、城下町の雰囲気は与良町《よらまち》、荒町から本町へと旧家が多く残っている。それらが蕎麦屋になっている店で、信州蕎麦、野沢菜、イナゴの佃煮、ハチの子をつまみ、藤村の濁り酒を飲み、旅の疲れをしばし慰むのはいかがだろうか。イナゴ、バッタを食べるのかと言う人もいるが、なんと言われようとあれはうまい。最近でいえば昆虫食である。

小諸へは、上信越道を車で小諸のインターで降りるのも良いが、やはり新幹線軽井沢よりしなの鉄道、あるいは佐久平より小海線でのんびりと行くか、信越本線で横川よりバスで碓氷峠を越え、軽井沢からしなの鉄道か、または中央本線小淵沢駅で小海線に乗り換え八ヶ岳、清里を越え、終着小諸へ行かれるのをお勧めする。本当の旅の情緒が感じられると思う。

早春賦の春、緑が眩しい夏、清澄そのものの秋、そして静かな噴煙をたなびかせる白い浅間山の冬の信州は、自画自賛かもしれないが、やはり素晴らしい。

新潟県

越後柏崎〜かぶき踊りと里山と

松本一紀

その日、なぜか遠い日の記憶の様とは大きく異なり、落ちながら真っ赤に燃え尽きるはずの夕日は、淡く滲んだ色合いのまま海のかなたへ隠れていった。「福浦八景」の一つに挙げられる柏崎・番神岬《ばんじんみさき》の落日である。

日本海の荒波を望みつつ、加賀国から越後国に至る一筋の道……。北国街道は近江国彦根に発して金沢、高岡、糸魚川を経て出羽国の西端、鼠ヶ関《ねずみがせき》を目指す。冬は雪に閉ざされ難所の親不知《おやしらず》を経る難路であるが、古くから京と北陸、近年には江戸とを結ぶ要路であった。

平安末期には源平の戦が、そして戦国時代には上杉謙信、武田信玄、織田信長が越中の覇権を争った道でもあった。信州松本へ分岐する千国街道は糸魚川で、また、中山道の信州追分へと通じる北国街道越後路は高田からそれぞれ分かれ、江戸を目指した。北国街道は荒海を望み、都人や佐渡の金が行き交った、北国の重要な交通路であった。柏崎は古い町である。

北国街道の宿場町・柏崎の番神岬は、鎌倉幕府によって佐渡島に流されていた日蓮が文永一一（一二七四）年放免されて佐渡から帰る途中嵐に遭い、漂着した場所であるといわれ、その「かしわさき」が文献上の初見とのこと。米山信仰の町であり、北前船の寄港地として越後縮などの集散する商業都市であった。

翌日、旅の第一目的である綾子舞《あやこまい》の原点に触れるべく綾子舞会館を訪ねる。柏崎市内から南に車で約三〇分の山間《やまあい》にある。綾子舞は、黒姫山の麓、鵜川地区女谷《おなだに》で約五〇〇年前から伝承されてきた優雅な歌舞である。女性によって踊られる小歌踊《こうたおどり》と男性による囃子舞《はやしまい》・狂言の三種からなり、昭和五一（一九七六）年五月四日、国の重要無形民俗文化財に指定、令和四年一一月三〇日には「風流《ふりゅう》踊《おどり》」の一つとしてユネスコ無形文化遺産代表一覧表に記載された。

綾子舞がこの山深い地にいつ、どのように伝わったのか諸説あって興味深いが、一つは一五〇九（永正六）年に越後守護上杉房能《うえすぎふさよし》が守護代長尾為景《ながおためかげ》にその座を追われた際、妻の綾子が当地に逃れ、歌舞を伝えたという説や、北野天満宮の巫女《みこ》、文子の踊りが当地に伝来したという説もある。また踊り手の女性がかぶる「ゆらい」は慶長年間（一五九六～一六一五年）頃の風俗であることから、綾子舞は京から下った初期女歌舞伎の影響を受けた芸能とも推測される。日本の伝統芸能である歌舞伎は出雲阿国《いずものおくに》が京で興行した「かぶき踊り」が端緒とされるが、その姿を今に伝えるのが綾子舞といわれる。地域に脈々として受け継がれてきた民俗芸能は、無形であるがゆえにその伝承には困難が横たわる。「地域に子供がいなくなれば消えてしまうのですよ」と綾子舞会館館長の切実な思いがこもる言葉であった。著しい人口減少を避けられない現実として受け止め、保存振興会では行政と協力しながら、小中学校区のクラブ活動として「綾子舞伝習学習」や座元ごとの伝承者養成講座を推進している。綾子舞現地公開は例年九月第二日曜日、今年も楽しみである。

さらに南へ数キロほどで、高柳町《たかやなぎまち》に入る。「米どころ越後」を象徴する穀倉地帯が広がる。刈羽の名山黒姫山の中腹には三カ所の棚田が「日本の棚田百選」に選ばれており、そして名にし負う豪雪地帯でもある。町の中心から少し入った山間に茅葺《かやぶき》屋根が見えてくる。かつて「荻ノ島《おぎのしま》環状茅葺集落」と呼ばれ、数十世帯の半数ほどが茅葺で、日本の古き良き農村風景を残す場所であった。今では数戸が残るだけだが、かろうじて昔日の風景を伝えている。

背後には登り斜面と沢があり、前面の開けた日当たりの良い扇状地に集落が展開していた。南・東・北側の三方に外敵の侵入を阻む谷があって、万一の場合に逃れられる背後の山、生活に不可欠な沢の水源、日当たりの良い扇状地など集落の源ともいえる地形を有している。この台地に周辺の材料を生かし、豪雪を克服するとともに、「農」を営む機能を備えた茅葺中門造りの民家が扇状に立ち並んでいた。

荻ノ島の秋（提供：柏崎市）

背後の近山、林、茅葺の家並み、これらに囲まれた田圃は、まさに日本昔ばなしの情景そのものであったろう。日本を代表する原風景の一つとされたのも宜《むべ》なるかな。

現在二棟の茅葺の宿があり、ここを拠点としてマリーンブルーの日本海と、自然や伝統が息づく里山の両方を肌で感じる滞在・体験型ツーリズムが楽しめる。ゆったりとしたもてなしに心ふんわり、満ち足りた旅に……。

昏れ残るものの一つに稲架襖《はざふすま》　（かずのり）

東海道「御宿場印」と「広重の世界」

静岡県

宮武里美

広重を旅で味わいたいと思った。『東海道五十三次』保永堂版（一八三三〜三四年）で、一躍人気浮世絵師となった歌川広重。江戸時代後期、日本初の旅ブームを後押しした一人である。季節、天候、時刻の一瞬を切り取り、大胆な構図で情緒豊かに描いた作品は、人々を魅了し旅情をかきたてた。そんな広重の世界を、この足と目で確かめたくなった。エリアは静岡県。世界遺産登録十年の節目に、富士山を感じながら旅をしよう。

機にも恵まれた。東京から京都まで、七都府県の四〇の信用金庫が主催で、「東海道五十三次御宿場印プロジェクト」が二〇二二年十月から順次開始され、旅へのモチベーションも高まった。二三年一月から静岡エリアが開始。静岡には、起点を含む五五の宿場のうち、二二の宿場がある。十一番目の三島宿に始まり、沼津宿、原宿、吉原宿、蒲原宿、由比宿《ゆいしゅく》、興津宿《おきつしゅく》、江尻宿、府中宿、丸子宿《まりこしゅく》、岡部宿、藤枝宿、島田宿、金谷宿、日坂宿《にっさかしゅく》、掛川宿、袋井宿、見附宿、浜松宿、舞坂宿、新居宿《あらいしゅく》、そして三十二番目の白須賀宿《しらすかしゅく》だ。江戸・京都間は約四九二キロ。夜明け前に出発し、暗くなる前に次の宿に着くのが基本。成人男性で一日平均四〇キロ歩いて、約一五日かかったというから、江戸時代の人の健脚ぶりには驚かされる。現代の私は数回に分けての旅。途中下車をしながら東海道を歩き、「御宿場印」と「広重の世界」を求め進む。まず三嶋大社でお参りをして、沼津、原、吉原を歩く。

単調な道が続くが、晴れていれば迫りくる富士山が道連れだ。『沼津 黄昏図』は、保永堂版で唯一、月が描かれている。暮れゆく空に浮かぶ満月が、旅路を急ぐ人々を励ましているようだ。『原 朝之富士』は雪の頂が画面を突き抜け、壮大さを強調している。旅人も思わず仰ぎ見ている。一方『吉原 左富士』は、松並木から垣間見える左富士。馬に乗った子供が身を乗り出している。広重は、人物の動きで、見る人の視線を巧みに誘導する天才だ。現在は、一本の老松が面影を残している。

次に向かったのは蒲原宿。新蒲原駅からしばらく歩くと東海道に出る。古い町並みが現れ、タイムスリップしたようだ。『蒲原 夜之雪』は、しんしんと降る雪にすっぽりと覆われた山村の図。すべての音が夜の闇と白い雪に吸い込まれ、寂寥感が広がる。ここでは、広重の最高傑作の一つといわれる蒲原宿の静けさに浸ろう。

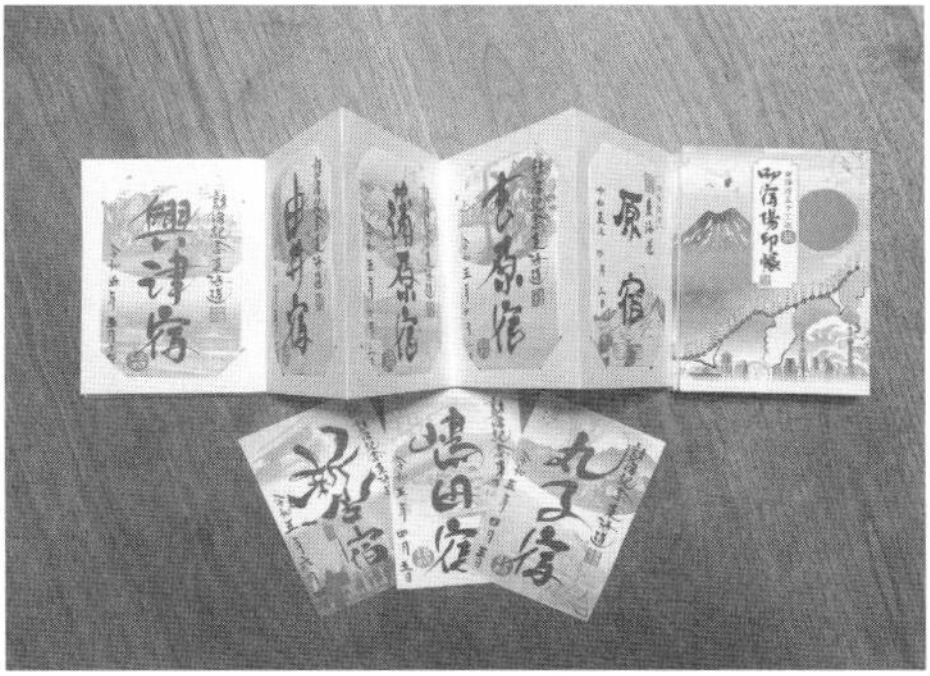
御宿場印と御宿場印帳（撮影：筆者）

歩を進めると、由比宿の本陣跡に東海道広重美術館があり、御宿場印も入手できる。時空を超えて、広重の作品に自分の旅を重ねてみる。『由井《ゆい》 薩埵嶺《さったみね》』は、切り立つ絶壁と絶景の富士の図。旅人が、険しい峠を登ったご褒美に絶景を堪能している。この薩《さっ》埵峠《たとうげ》は、今もほぼ同じ景色が望めることで有名だ。数年前に初めて登った時、江戸時代の旅人と自分の感動がシンクロした思いだった。展望台には、由比駅側から富士山を背負って歩き、最後に振り向くか、やや緩やかな興津駅側から登るか。どちらからも徒歩約一時間強で行くことができるが、冠雪の季節がお勧めであ

る。（※二三年六月現在、道が一部崩落した影響で展望台には立ち入り禁止。迂回して通り抜けはできる。行く際は確認を）

さて、食は旅のお目当ての一つ。「丸子宿」にある、昔の面影を残す食事処「丁子屋」（一五九六年創業）を目指す。名物は、特産の自然薯をすりおろし、出汁に少量の味噌を加えたとろろ汁。ふんわり麦飯にかけて食せば、疲れも吹き飛ぶ。宇津ノ谷《うつのや》峠と安倍川に挟まれたこの宿場で、昔の旅人も英気を養ったのだろう。宿場の中でも最小規模とのことだが、貴重な癒しのポイントであったに違いない。丸子の茶屋には、旅ブームの火付け役、十返舎一九の『東海道中膝栗毛』の弥次さん喜多さんも立ち寄っている。ただし物語では、店主夫婦が喧嘩をし始め、ひっくり返ったとろろ汁にすってんころりん。二人は、食べることができずに店を後にしている。一方、広重の『鞠子《まりこ》名物茶屋』の旅人は、梅の季節にのどかにとろろ汁をすすっている。

旅は楽しいことばかりではない。静岡には、峠越えや川越《かわご》し、関所など難所が多くある。最大の難所、大井川を控える島田宿。増水で川留めになれば、旅人には痛い出費だが、宿場は潤った。島田市博物館には、川留めで栄えた文化や、川越しの様子が分かる展示があり興味深い。新居関所は、箱根と並び「入鉄炮に出女」の改めが厳しいことで知られる。江戸時代に全国五三あった関所のうち、現存している唯一の建物だそうだ。『荒井　渡舟ノ図《わたしぶねのず》』には、向こう岸に関所が描かれている。

やはり旅のしめは温泉。江戸時代にも「温泉番付」があったというから、昔も今も、旅と温泉は切り離せないようだ。浜名湖に沈む夕日を眺めるもよし。一気に三島まで戻って富士山を見ながらもよし。さあ、どうする私。

静岡県

若き家康ゆかりの地、浜松の散歩道

水嶋一樹

東海道新幹線で両側の車窓に水景が広がれば、そこが浜松、浜名湖に浮かぶ弁天島の上だ。海側には浜名大橋と朱色の鳥居、山側には浜名湖の入江が広がっている。新幹線をよく利用する人にとってはもう見慣れたひとコマだが、通り過ぎるばかりの人が多いかもしれない。温暖な気候と自然に恵まれ、いつでも温かく迎えてくれるこの地に足を下ろして、浜名湖や舘山寺温泉で、ゆっくりと癒される旅を楽しんでほしい。

浜松は、元亀元（一五七〇）年に徳川家康が三河から居城を移し、二九歳から四五歳までの波乱に満ちた一七年間を過ごした地であり、その足跡を辿るのが楽しい。戦国時代の真っ只中、浜松での家康は戦《いくさ》の連続であった。妻子との別れもあった。浜松には、その史跡に加え、三方ヶ原《みかたがはら》の戦いに敗れて浜松城へ逃げ帰る家康を庶民が助けた話など、数々の伝承が残っていて興味深い。腹を空かせた家康が茶屋で小豆餅を頬張った場所が「小豆餅」、追っ手が来て慌てて逃げ出した家康を、茶屋の老婆が追いかけて代金を取り立てた場所が「銭取」、と地名になっていたりもする。そうした伝承からは、この地で家康が特別な親しみを持って受け入れられてきたことがうかがわれる。

浜松駅から歩いて回れる範囲には、一五カ所の見どころを巡る約一〇キロのコースが、「家康の散歩道」として案内されている。まだ若かった家康が命拾いした心境やその息づかいに思いを馳せながら巡ってほしい。中でも、まず、訪れてほしいのが『浜松八幡宮』で、そこに『雲立の楠《くもだち》』がある。樹齢千年を超えている巨樹だ。三方ヶ原の戦いに敗れ、武田軍に追われた家康は、この楠の洞穴に身を隠し、じっと息を潜めたと伝わっている。威風堂々としたこの楠の根元には、確かに洞穴が観てとれる。武田軍の追っ手はこの樹を槍で突いたが、洞穴から数羽の鳩が飛び立つのを見て立ち去ったといわれており、その様子は浜松まつりで引き回される御殿屋台の彫刻にもなっている。

浜松まつりは毎年五月三、四、五日に行われるので、日程を合わせられれば最高の旅になる。中田島砂丘で行われる凧揚げ合戦は、一七〇〇を超える町それぞれの大凧が一斉に揚がる姿が爽快だ。地上では、若衆が勇壮な動きで糸を操る。糸切合戦となれば、けたたましいラッパのリズムと激練りと呼ばれる激しいぶつかり合いが続く。夜になると、化粧した子供衆がゆったりとしたリズムでお囃子を奏でる御殿屋台《ごてんやたい》が優雅に街中を行き交う。他の祭りでは味わえないコントラストだ。御殿屋台の彫刻はそれぞれの町の自慢であり、八幡町の御殿屋台に「雲立の楠」の彫刻があるので、見つけてほしい。

浜松城　野面積みの石垣（撮影：筆者）

浜松八幡宮から西へ足を進めれば、すぐ近くに『椿姫観音』がある。小さな祠だ。この地はかつて引間《ひくま》と呼ばれていた。引間城主飯尾連龍《いのおつらたつ》の死後、家康が攻め込んだが、女城主となった妻お田鶴《たづ》の方は、身を挺して討ち死にした。家康の妻築山殿は、その死を哀れに思い、塚に一〇〇株あまりの椿を植えて供養したと伝わっている。その名残がこの祠だ。家康がこの地の名前を浜松に変えて大きく発展させたが、引間という名を守ろうと、最後まで抵抗した気丈な女性の歴史が街角にひっそりと佇《たたず》んでいる。お田鶴の方は、浜松まつりの起源にも関係していて、長男が産まれた時、その名を凧に書いて揚げて祝ったことが祭りの始まりだといわれている。

さらに西へ足を進めれば、引間城跡でもあり家康が祀られている『元城町東照宮』を訪ねることができる。その先には『浜松城』が見えてくる。「はま松は出世城なり初松魚《はつがつお》」と松島十湖《じっこ》が詠み、出世城として知られるこの城は、野面《のづら》積みの石垣が見応えがある威勢を放っている。家康が築城した当時は土塁造りで、その城姿や浜松城にまつわる物語は天守閣内の展示で詳しく紹介されている。

歩いて回れる範囲には古戦場もある。浜松城から北西へ足を延ばしたところにある『犀ケ崖《さいがけ》古戦場』だ。三方ヶ原の戦いがあった夜、家康の軍勢はこの崖に橋に見せかけた布を掛けたうえで夜討ちを決行し、武田の軍勢が崖に落ちたと伝わっていて、この辺りの地名は「布橋《ぬのはし》」だ。今でも残るその崖を見下ろすことができる。崖の上には、三方ヶ原の戦いの撤退で殿《しんがり》を買って出て、「ここから後ろへは一歩も引かぬ」と言って討ち死にした『本多忠真《ただざね》の碑』もあり、すぐ近くには、家康の影武者になって討ち死にした『夏目吉信《よしのぶ》の碑』もある。見どころはまだ続くが、浜松を訪れたからには鰻を食べずには帰れない。ということで、とにかく店に入るものの、浜松は関東風と関西風の分水嶺に位置していて、両方の店が入り交じっている。地元の人はその違いに無頓着で、店もはっきりとは表示していないところが多い。さあ、どちらが当たるか、楽しみながら堪能してほしい。

覚王山（日泰寺）の思い出

愛知県

水野秀雄

日本で唯一仏舎利が安置され、いずれの宗派にも属さない超宗派の「日泰寺《にったいじ》」と、名古屋の隠れた美味が楽しめる「日泰寺の参道」を、私の父母にまつわる思い出とともに紹介する。

私の父は岐阜県恵那の小さな寺が出自であった。尋常小学校の一時期、恵那の親元を離れて京都の大きな寺に一人で小僧に出されたそうだ。当時十数歳の子供にはさぞかし辛い経験だったのだろう。父が小僧として修行に旅立つ際、母（私の祖母）との別れで涙が止まらなかったという話を父からよく聞いた。父はその後、満州へ従軍、帰国後は仏門ではなく、長らく名古屋鉄道でサラリーマンとして過ごした。普段は時間があれば、仏壇に向かってお経を唱える信仰心の篤い父の姿を観て私は育った。父が生涯名古屋勤務であったため、私は生まれてから東京で就職するまで一回も転居を経験せず二十数年名古屋で育った。その父は私を連れて好んで「覚王山日泰寺」を参拝した。その理由についてはもう知る由もないが、父は日泰寺を参拝して仏門に帰依した幼少時代の自身を振り返っていたのだろう。

一方で、小学生の私が好んで寺院を参拝する由もなかった。日泰寺の参道には名古屋の隠れた美味である「みたらし団子」「鬼まんじゅう」などを楽しめる名店が何軒も連なり、小学生の私にとっては、いわば心躍らせる参道だった。私が父に連れられ日泰寺を喜んで参拝したのは、この「参道」ゆえであった。ちなみにその参道で味わえる「鬼まんじゅう」は、後述するが母の思い出にもつながる。

名古屋市東部の千種区に位置する「覚王山」という地区は、釈迦の敬称である「覚王＝覚りの王」に由来し、その地に、山号を覚王山、寺号を日泰寺とした「覚王山日泰寺」が建立されたそうだ。従って、この地区は日泰寺とともに歩んできた地区といえる。名古屋市営地下鉄の「東山線」で、「名古屋駅」から約一五分、「覚王山駅」で降車し徒歩約七分のところに日泰寺は位置する。私が生まれ育った名古屋市昭和区の自宅からは徒歩で約一時間かかったが、その時代は、その程度の距離は当然のごとく歩いて父とお参りに行ったものである。

日泰寺（提供：公益財団法人名古屋観光コンベンションビューロー）

日泰寺のホームページによれば、明治三一（一八九八）年に英国人によりインドで人骨の入った壺が発見され、その壺の古代文字を解読したところ、その人骨は「釈迦の遺骨（仏舎利）」であることが判明したそうだ。この仏舎利は、英国から仏教国の現在のタイ王国に寄贈され、さらに一九〇〇年タイ王国のチュラロンコン国王から現在のミャンマー・スリランカ、そして日本へ贈られることとなったそうだ。この仏舎利を安置する寺院をどこにするかについては当時の日本でも議論沸騰したようであるが、最終的には一九〇四年に現在の覚王山日泰寺が建立され、そこに仏舎利が安置された。日泰寺とは、「日」＝日本、「泰」＝タイで、「日本とタイの寺院」という意味で付けられた名前だそうだ。この寺院は、建立の背景から、いずれの宗派にも属さない我が国唯一の超宗派の寺院である。その由来から、本堂の横にはタイの国旗がはためいている。仏舎利を寄贈したタイ王国のチュラロンコン国王の銅像と、国王にお伴する象の銅像も建っている。日泰寺は戦争の空襲で全焼し、現在の建物は戦後に再建されたものだ。日本で唯一仏舎利を安置する寺院の山門に佇めば、時空を超えた得も言われぬ空間を感じさせるものがある。

日泰寺の参道で味わえる鬼まんじゅうは名古屋の隠れた名菓である。鬼まんじゅうという名前の由来は、見た目がゴツゴツとして、鬼の角・金棒のようであるからだが、さつま芋の粒が大きくゴロゴロとしているのが特徴である。レシピは分かりかねるが、材料はさつま芋・小麦粉・砂糖で、蒸かして作られるのだと思う。まんじゅうの表面はツヤツヤと光を放ち、蒸かされたまんじゅうはお芋特有の甘い香りを伴い、モチモチした得も言われぬ食感を楽しませてくれる。私が小学生の頃、たまに母が鬼まんじゅうをおやつに作ってくれた。母は日泰寺参道の鬼まんじゅうの味に近づけようとしたのだろう。私にとっては言葉に表せないほどの美味しさであった。

仏舎利を安置する日本唯一の寺院である「覚王山日泰寺」を訪ねて、その参道では名古屋の美味をご賞味あれ。ちなみにネット情報だが、鬼まんじゅうは人気が非常に高く予約がいるかもしれないので留意が必要である。

三重県

北勢—四日市市と湯の山温泉

平尾光司

三重県の最大の工業都市である四日市市は東は伊勢湾に面し、西には鈴鹿山脈を後背に持つ。このため気候温暖で古代から定住が進み、古墳時代からの遺跡も多く存在している。

四日市の地名は室町時代に毎月四の付く日に定期市が立っていたところから由来している。江戸時代には東海道と、伊勢参拝の伊勢参宮道の分岐点でもあった。また伊勢湾海運の港町でもあり人流、物流で賑わい、一〇〇軒を超える旅籠があり、東海道屈指の宿場町として繁栄していた。

現在、日本最大の流通企業イオングループの源流である岡田屋は江戸中期（一七五八年）に東海道筋で創業しており、小間物や木綿の小売りがルーツであると伝えられている。

明治に入り、近代的な貿易港としての四日市港の整備がされて、綿花、羊毛の繊維原料の輸入基地となり、四日市市の近代産業の東洋紡積など繊維産業が発達した。また北勢の商業都市としても栄えた。しかし、日本海軍の最大の燃料基地があったために一九四五年六月から八月にかけて九回の空襲があり、市街地の七五パーセントが消失、商店街、工場、住宅地は瓦礫の山となった。筆者も小学一年生で被災し、後述の湯の山温泉のある菰野町《こものちょう》に疎開した。戦後の復興はまず繊維産業から始まり、ついで昭和三十年代に石油化学コンビナートの一号が海軍燃料基地跡地に建設された。その後遠浅の海岸が次々と埋め立てられ、第二コンビナート、第三コンビナートが建設されて四日市は日本最大級の石油化学基地となった。急速な石油化学コンビナートの建設と生産拡大は環境破壊をもたらし「四日市ぜんそく」などの深刻な公害問題を発生させた。厳しい環境規制が実施されて現在では環境問題は解決され、二〇五〇年にはゼロエミッション—環境先進都市を目指している。コンビナートを巡る工場夜景ツアーは四日市観光の目玉となっている。また公害の教訓を後世に伝えるために市立博物館に四日市公害と環境未来館が併設されて、四日市市民の公害克服への志のシンボルとなっている。

四日市市はまた伝統工芸の町でもあり、その代表が江戸時代から続く萬古焼《ばんこやき》である。陶器と磁器の特性を持つ萬古焼は明治から昭和まで輸出産業として栄えた。近年はその優れた耐熱特性を生かして国内市場向けの土鍋、炊飯器、ＩＨ調理器の開発に成功し、土鍋の市場シェアは八〇パーセントを超えている。窯元が一〇〇社も集積して有力な地場産業である。毎年五月に開催される萬古焼陶器まつりには全国から人が集まる。鈴鹿山脈の超軟水の伏流水を利用した酒造りも盛んで、蔵元が六つ存在する。宮崎本店の大吟醸「宮の雪」は伊勢神宮の神酒として毎年奉納されている。

御在所ロープウエイ

湯の山温泉は西の箱根といわれている四日市、名古屋の奥座敷である。近鉄湯の山線で四日市駅から三〇分。鈴鹿山脈の主峰である御在所岳の山麓に三滝川の渓谷に沿って温泉旅館が点在している。筆者は戦争中に四日市で被災、疎開して中学卒業まで湯の山温泉のある菰野町で過ごした。

湯の山温泉は奈良時代の養老二（七一八）年開湯と伝えられている古い湯治場。泉質はアルカリ性ラジウムで透明である。神経痛、外傷、皮膚病に効果あるとされる。肌に優しく美肌の湯としても知られる。現在のような温泉地として発展したのは鉄道が開通して名古屋、四日市、関西からのアクセスがよくなった昭和に入ってからである。文豪志賀直哉が滞在して名作『菰野』を執筆したのはこの頃である。志賀直哉が滞在した老舗旅館寿亭の水雲閣は重要文化財に指定されている。

さらに昭和四〇年代に日本最大級の御在所ロープウエイが開通して、頂上近くまで一二分で到達できる人気観光地となった。この頃、映画『男はつらいよ』シリーズの第三作『フーテンの寅』が湯の山温泉で撮影された。寅さんがマドンナの名門旅館の女将、新珠美千代に惚れて番頭になり活躍するというストーリーで、湯の山温泉の名勝ポイントが紹介されていた。

湯の山温泉は自然の景観の中に溶け込んでおり、歓楽街的な温泉街ではなく、家族向けの保養地である。ロープウエイの頂上駅から伊勢平野、伊勢湾、知多半島までの雄大な景色が楽しめる。御在所岳は花崗岩の奇岩が多く、登山家のロッククライミングの訓練場にもなっている。ロープウエイ頂上駅からさらにリフトに乗り継いで最高点の展望台（望湖台）まで登ると西に琵琶湖が望める。

毎年一〇月初旬に開催される湯の山温泉の最大のイベント「僧兵まつり」は見逃せない。戦国時代、織田信長に反抗して焼き討ちに遭った三嶽寺《さんがくじ》の数百の僧兵の勇気を伝える行事である。僧兵装束に身を包んだ男たちが六〇〇キロの火炎神輿を担いで温泉街を練り歩き、太鼓と花火の大音響と炎に温泉街は包まれる。この僧兵まつりは湯の山温泉の秋の訪れを知らせる。

僧兵の火祭り焦がす山の闇　こうじ

万葉の里＆加賀藩の台所「高岡」のてんこもり

富山県

川崎有治

高岡は、奈良時代の越中国府の所在地で、万葉の代表的歌人大伴家持《おおとものやかもち》が五年間（七四六～七五一年）この地に国守として赴任、万葉集に残した四七三首のうち二二三首をこの地で詠んだ万葉の里であり、加賀藩二代当主前田利長が慶長一四（一六〇九）年に築いた高岡城の城下町として開町、「加賀藩の台所」といわれるほどに発展した商工都市である。今は、能登・加賀・飛騨・越後への十字路として観光、ビジネスの交流拠点都市として存在感を高めている。

高岡を故郷に持つ筆者が、高岡へ足を運ばれたことのない方に、「高岡に行ってみるか」と思ってもらえるよう、コロナ禍の落ち着きを待って高岡へ帰省した。

東京駅から北陸新幹線で二時間四〇分、新高岡駅に着く。改札を出るとすぐに「鋳物の町」でもある高岡の青銅製、高さ四メートルの前田利長公の大兜が出迎えてくれる。

まず、与謝野晶子が「鎌倉の大仏より一段と美男」とたたえたといわれる日本三大仏の一つ「高岡の大仏《だいぶつ》さん」にご挨拶をせねばなるまい。新高岡駅で接続している城端《じょうはな》線に乗ってひと駅、高岡駅で降りて駅前の末広町通りを途中で右折、御旅屋《おたや》通りを少し行くと右手に総高一五・八五メートル、座高七・四三メートルのお姿が現れる。お顔立ちが優しく、いつも癒され、心が軽くなる瞬間である。

すぐ近くにある古城公園は、高岡城の城跡で、石垣と濠が残り、日本一〇〇名城に選ばれている。

雨晴海岸（提供：高岡市）

公園を抜けて少し歩くと、高岡出身の漫画家「藤子・F・不二雄ふるさとギャラリー」がある。高校時代までを高岡で過ごし、ドラえもんなどの名作を残した藤子・F・不二雄の「まんが」の原点に触れることができ、子供も、大人も楽しめるギャラリーで人気が高い。

近くにJR氷見線の越中中川《えっちゅうなかがわ》駅があり、電車に乗るとやがて海岸すれすれにひやひやしながら走り、左手に「道の駅　雨晴《あまはらし》」が見えてくる。雨晴駅から徒歩五分。ここではなんと言っても、雪を頂き、屏風のように聳え立つ三〇〇〇メートル級の立山連峰の雄姿に富山湾に浮かぶ女岩《めいわ》を重ねた絶景が、息を飲むほどに素晴らしい。今日は運よく青空のもと美しく見晴らすことができ、道の駅の展望台は写真愛好家で埋まっている。季節ごとにその表情を変える姿はここでしか見られない国定公園雨晴海岸の特別のスポットといえる。

隣の氷見市に足を少しだけ踏み入れて氷見漁港場外市場「ひみ番屋街」へ行ってみる。氷見駅からバスで約一八分。ここではなんといっても富山湾の海の幸をふんだんに使った回転ずしを「ぜひ食《た》べてみられ！」。

そして、氷見線で戻り、伏木駅で下車し、徒歩七分の国宝の雲龍山勝興寺《うんりゅうざんしょうこうじ》へ行く。越中における浄土真宗の一大拠点で、破格の規模と形式を誇り、二三年かけて行われた「平成の大修理」を経て、二〇二二年一二月に国宝に指定された。ここに七不思議があり、それを探し見て廻るのが面白い。

今日はここまでとし、今夜は何を食べようかと考えながら高岡駅前のホテルに戻り、駅近くの居酒屋でとれたての魚と地酒（美味しいですよ！）を堪能し、気持ちよく眠りにつく。

朝起きて今日はレンタカーを借りることにし、まず、二上山《ふたがみやま》の麓にある高岡市万葉歴史館を訪ねる。

万葉集の代表的歌人の大伴家持が国守として在任した地に、万葉集に残された「歌」を中心に、日本最初の展示を試みた万葉集に関する本格的な施設として、万葉情報の全国への発信基地となっている。（万葉歴史館HPより）

玉くしげ　二上山に鳴く鳥の　声の恋しき　時は来にけり（万葉集 巻一七-三九八七）

私が高岡に帰ると、そこには二上山がいつも変わらずに待ってくれているのが嬉しい。

万葉歴史館を後にして二上山万葉ラインを走り、途中高岡市を一望できる二上山公園にある鐘つき堂の平和の鐘をついて（誰でも自由につける）、頂上近くにある大伴家持像を観て、市街地に入り、金屋町に至る。駐車場に車を停めて、伝統的建造物群保存区域に選定されている千本格子の家並みが続く石畳を歩く。銅器生産日本一の高岡の高い技術の工場、工房の見学、体験が楽しめる。

最後に見逃すわけにはいかない国宝瑞龍寺《ずいりゅうじ》の大伽藍を訪れる。曹洞宗高岡山瑞龍寺は、加賀前田家の二代当主の前田利長公の菩提をとむらうために建立された寺で、仏殿の屋根は鉛で葺かれており、いざという時には鉄砲の弾として使えるようにしたといわれている。

五月の高岡《たかおか》御車山祭《みくるまやままつり》、伏木《ふしき》曳山祭《ひきやままつり》、一〇月の「万葉集全二十巻朗唱の会」もぜひ訪れたい。

「皆さん、高岡へ行ってみられー、待っとっちゃー」

石川県

豊かで美味しい！　能登サイクリング旅

見目久美子

約四〇年前、大学生になりたての一九歳の夏、女友達と二人、輪島を旅した。輪島駅のホームに降り立ち、遠くに来た実感と高揚した気持ち、輪島塗の工房見学、朝市通りをそぞろ歩いたことなど、今でも記憶に残る。当時の私にとってこの旅は、さいはて・未知への冒険だった。

そして会社勤めを終え、第二の青春を迎えた今、再び能登に行き、輪島以東を訪れることにした。二〇〇三年に能登空港（愛称、のと里山空港）が開港し、羽田から能登まで約一時間。アクセスは格段に良くなった。空港から先の移動手段はバスやレンタカー、タクシーなど。今回の旅では、バス並みの料金で目的地と空港を往来できるふるさとタクシー（乗り合いタクシー）と路線バス、そして自転車をフル活用した。

空港から珠洲《すず》道路を東に三〇分で見附島《みつけじま》に到着した。見附島は、弘法大師が佐渡から能登半島に初めて上陸した場所という伝説があり、先端部分が突き出た形から「軍艦島」とも呼ばれる。二八メートルの岩が切り立ち、島の上部には草木が茂り、鳥が飛び交っている。能登半島の代表的なスポットで、珠洲市のキャラクターモデルにもなっている。島前の海岸は「えんむすびーち」と呼ばれ、訪れたカップルが縁結びの鐘を鳴らしている。

次に見附島から南に三キロの宗玄《そうげん》酒造を訪ねた。冬の農閑期、集団で出稼ぎをした能登杜氏《とうじ》は高い技術で有名だが、宗玄酒造は能登杜氏の発祥といわれる。店内では試飲ができ、限定酒や酒粕なども購入できる。鉄道廃線後のトンネルを買い取り酒蔵にし、ここで熟成させた酒もあるとのこと。トンネル内は理想的な温度が一年中保たれ、まろやかな酒になるそうだ。

この日は見附島に隣接する温泉宿に宿泊した。部屋や大浴場からは、時間の経過で変化する島の表情が楽しめる。夕日に白く照らされだんだんと暮れていく様や夜のライトアップ、海から昇る朝日に照らされ青藻で碧く輝く姿など、いずれも絶景で神々しい。

えんむすびーちから見附島をのぞむ
（撮影：筆者）

翌日は飯田から蛸島《たこじま》までを自転車で巡った。旧珠洲駅の跡地を利用した「道の駅すずなり」には休憩所や土産売場、観光案内所があり、自転車とヘルメットを借りられる。海沿いの道を東に自転車を漕ぐ。海風がすがすがしい。三年ごとに開催される「奥能登国際芸術祭」の現代アート作品が点在し、能登の自然と不思議な調和を見せている。

一九六四年から約四〇年間、能登半島東端の蛸島まで鉄道が通っていたが二〇〇五年に廃線となった。しかし驚くことに、駅舎の殆どがバス停留所、休憩所など役割を変えて残されており、家並みも昔のまま黒くつや光る瓦屋根が続く。鉄道運行当時の町にタイムスリップしたような気持ちになった。

能登はどの町に行っても美味しい魚が食べられる。蛸島漁港近くの食堂兼民宿で海鮮丼を食べた後、珠洲焼資料館および珠洲焼館を訪れた。珠洲焼は一二世紀半ばから作られ、北前船で北海道から福井まで日本海側の多くの都市に流通していたが、一五世紀後半には急速に衰え、まもなくして廃絶した。戦後の調査でその存在が知られ、約四〇年前に現代珠洲焼が復興した。珠洲焼資料館では、古来の珠洲焼が展示され技法、歴史を知ることができる。そして珠洲焼館では、現代陶工の作品を展示・販売しており、陶工の情報や珠洲焼の特徴を教えてもらった。珠洲焼は鉄分を含み釉薬を使わないため花瓶に生けた花が長持ちし、ビールの泡も細かくなるそうだ。

翌日は日本海沿いの道を進み、塩田や平家末裔の屋敷を見学後、南惣《なんそう》美術館を訪れた。畑の中に立つ豪農の蔵を利用した美術館だ。入り口のベルを鳴らして蔵の鍵を開けてもらい中に入ると、宗達、雪舟、蕪村、芭蕉や古九谷、茶道具、仏像など名だたる美術品とその数に圧倒された。歴代当主が農業の他、製塩や養蚕などを営み、成した財で収集してきたとのこと。館を出て元の田園風景を前にすると、美術品と過ごした先ほどまでの時間はまぼろしのように思えた。

旅の最後に、空港から車で一五分の「能登ワイン」に寄った。空港建設時に能登に新たな事業を起こそうと栗畑をぶどうに変え、北海道のワイナリーの支援を受けてワイン造りを始めた。苦労の連続だったが、今では全国のワインコンクールで金賞を受賞するまでになった。地元穴水《あなみず》特産の牡蠣の殻を再利用して土壌にミネラルを補給し病気に強く発色の良いブドウを育てるなど、独自性も出している。ワイナリーでは試飲、購入の他、醸造所を見学できる。建物周辺にぶどう畑が広がり、風が吹き抜ける。搭乗を待つ間、能登空港のレストランで立山連峰を遠くに眺めながら、旅を振り返った。

さいはての能登。それは、一言では語れない豊かで美味しく面白い場所！

歴史ロマン〜越前永平寺と一乗谷朝倉氏遺跡

坪井荘一郎

福井県

福井県は歴史探訪をはじめ寺院・食・お城など魅力的な観光スポットに満ちている。自動車普通運転免許の返納前最後の長距離ドライブで越前勝山・大野に向かう。まずは三度目の永平寺へ。永平寺は一二四四年に道元禅師によって開かれた日本曹洞宗の大本山で座禅修行の道場。師匠の天童如浄《てんどうにょじょう》禅師の教えを継承し、只管打座《しかんたざ》（正法眼藏）と説いた。生活はすべて修行で、ひたすら座禅をせよ。座禅は何かを得るためではない。ただ無心で自らの身体で感受習得せよと。厳しい修行だ。約一〇万坪の境内には大小約七〇の伽藍があり、その規模と荘厳さには圧倒される。「七堂伽藍」では修行のすべてが行われている。回廊を歩みながら修行道場の空気に触れて我が雑念が消え去る思いになる。

永平寺拝観の後は「日本の歴史風土一〇〇選」に選定されている白山平泉寺《はくさんへいせんじ》《勝山市平泉寺白山神社》を訪ねる。白山平泉寺は一三〇〇年前に泰澄《たいちょう》大師が開祖。白山信仰拠点寺院で一面苔の絨毯で覆われており、苔と杉木立、石畳の参道は静寂でわびの世界。中世宗教都市として北陸で最大の栄華と繁栄を誇ったが天正二年に焼失し、現在遺跡継続発掘中。濃緑の苔の美しさに目を奪われる。

拝観の際、地元の紹介で永平寺門前の蕎麦店で名産おろし蕎麦に舌鼓みを打つ。辛みが効いて美味に満足。越前の郷土料理「越前おろし蕎麦」は辛みが絶妙で、大根の辛さが店や地域ごとに違うのが地元の自慢だ。東京都新宿区神楽坂に「越前おろし蕎麦」の名店、九頭龍蕎麦《くずりゅうそば》本店がある。オーナーの原崎衛氏は福井県勝山市のご出身で「凛倫林輪企業グループ」の総帥で、越前市（旧武生市）の蕎麦名店「うるしや」の社長でもあり、日頃ご懇意をいただいている。九頭龍蕎麦本店では越前おろし蕎麦と地産料理が有名。二〇二四年春に予定される北陸新幹線の敦賀駅までの延伸に合わせ、原崎氏や福井県下の蕎麦店オーナーが関係機関と連携し「越前おろし蕎麦」のブランド力UPを図る「越前蕎麦ブランディングプロジェクト」を推進中。新潟・長野両県の蕎麦産地と連携した「蕎麦観光立国」の実現が大変楽しみだ。さらに蕎麦好きには欠かせないのは日本酒だ。越前は湧水に恵まれ、地酒も豊富だ。先の九頭龍蕎麦本店では自前の地酒「火の鳥」がある。越前には純米大吟醸「福一」や「一乃谷」・「黒龍」他銘酒が目白押しだ。付言すれば、もう一つの郷土料理は言うまでもない越前蟹だ。漁の解禁は一一月。越前蟹が獲れる大人気漁場は三国と越前海岸。

越前丸岡城（撮影：筆者）

　郷土料理を堪能した後は、一乗谷朝倉氏遺跡へ時間をかけて散策し、戦国時代に想いを馳せる。朝倉氏初代の武将孝景《たかかげ》が築いた館をはじめ城下町全体の遺跡で、国の特別史跡に指定されている。北陸の小京都として一〇三年に亘り栄えたが、第五代義景《よしかげ》の代に乃根坂の戦いで、織田信長に敗れ、城下町も焼き尽くされ灰塵に帰した。信長の怨念か。古いしきたりを徹底的に排除しようとしたのか。戦で愛する人、モノすべてが葬られるのは耐え難い。時代は変われども思いは現代も同じだ。遺跡内の広大さに驚く。昭和四二（一九六七）年に発掘調査で発見され、朝倉氏一族の屋敷、朝倉義景館、義景の側室小少将のための庭園、諏訪館跡や発掘された城下町、当時の町並み、武家屋敷、民家など見飽きない。

越前の歴史ロマンを伝える建造物は他にもたくさんある。天空の城大野城は見応えがある。天守まで登るのは南登り口から徒歩二〇分を要し、一苦労。大変だが雲の中に城が浮かんで見える幻想的な景色は素晴らしい。

最後にもう一つ見逃せないのは北陸地方に残る名城唯一の天守丸岡城（坂井市）で、国の重要文化財で城郭が美しい。隣接して有名な一筆啓上茶屋と一筆啓上日本一短い手紙の館がある。石碑に有名な「一筆啓上火の用心。お仙泣かすな、馬肥やせ」がある。お仙とは後の丸岡城の城主で幼名の仙千代のこと。家康の家臣本多作左衛門重次が妻に宛てた手紙で、この石碑の句が縁で日本一短い手紙文の「一筆啓上賞」の発案となった由。ＩＴ全盛の時代、一筆箋の活用による簡潔な表現は現代社会のコミュニケーションの良化には大変有意義だ。

締めくくりに越前小京都散策の思い出を三句詠んでみた。

・「山門を列に出でけり解明の僧」
・「桐一葉一乗谷の夢の跡」
・「天空の城をのぼり来秋の風」
（三句つぼいそういちろう）

日本で唯一の古代湖、琵琶湖の謎

滋賀県

櫻井三紀夫

滋賀県の琵琶湖は日本一大きな湖だが、日本で唯一の古代湖でもある。古代湖とは、おおよそ一〇万年以上の存続期間を有し固有種生物がいる湖のことで、琵琶湖は四四〇万年、存在し続けている。こんなに長寿命の湖は日本には他にない。世界でも古代湖は二〇個程度しかなく、バイカル湖（二五〇〇万年、ロシア）、タンガニーカ湖（二〇〇〇万年、タンザニア国境）などが有名である。

このような類まれな湖が狭い日本にどうして成立したのか。そもそも湖の寿命とはどのくらいのものなのか。それらを探求しながら、琵琶湖周辺の古代湖を物語る地理、景観を旅してみたい。

湖の寿命は、流入する土砂の堆積で湖の水深が浅くなり、湿地を経て平野になることで尽きる。殆どの湖は数千年〜数万年で干上がってしまう。古代湖として超長期に亘って存在する湖は、いくつかの重要な条件のもとで成り立っている。

まず、土砂が堆積しても湖底が沈下することで水深が浅くならないということである。琵琶湖の場合、その西岸と比叡山地の間に長さ六〇キロの琵琶湖西岸断層帯という断層が走っており、その断層の東側（琵琶湖側）が地震時にズレて湖底が沈下するので、毎年土砂は蓄積されるが水深は浅くならない。湖底にはこれまでに流入した泥が九〇〇メートルの厚さに堆積している場所があり、そのことは、湖底の岩盤が九〇〇メートルも沈んだということを意味する。京都市や大津市という大都市のすぐ近くでそんなに大きな自然現象が起きているとは、驚きである。

次に、湖の水の流入と流出のバランスが保たれていて水が失われないということである。琵琶湖は、比叡山、伊吹、鈴鹿、甲賀などの山地に囲まれた盆地の中央に位置する。その結果、滋賀県の一七パーセントの面積を占める湖に、滋賀県に降った雨水の九六パーセントが、一一七の一級河川となって流入する。一方、琵琶湖から流出する川は瀬田川だけで、その限られた水量（毎秒一五〇トン、年間五〇億トン）がバランスを保っている。

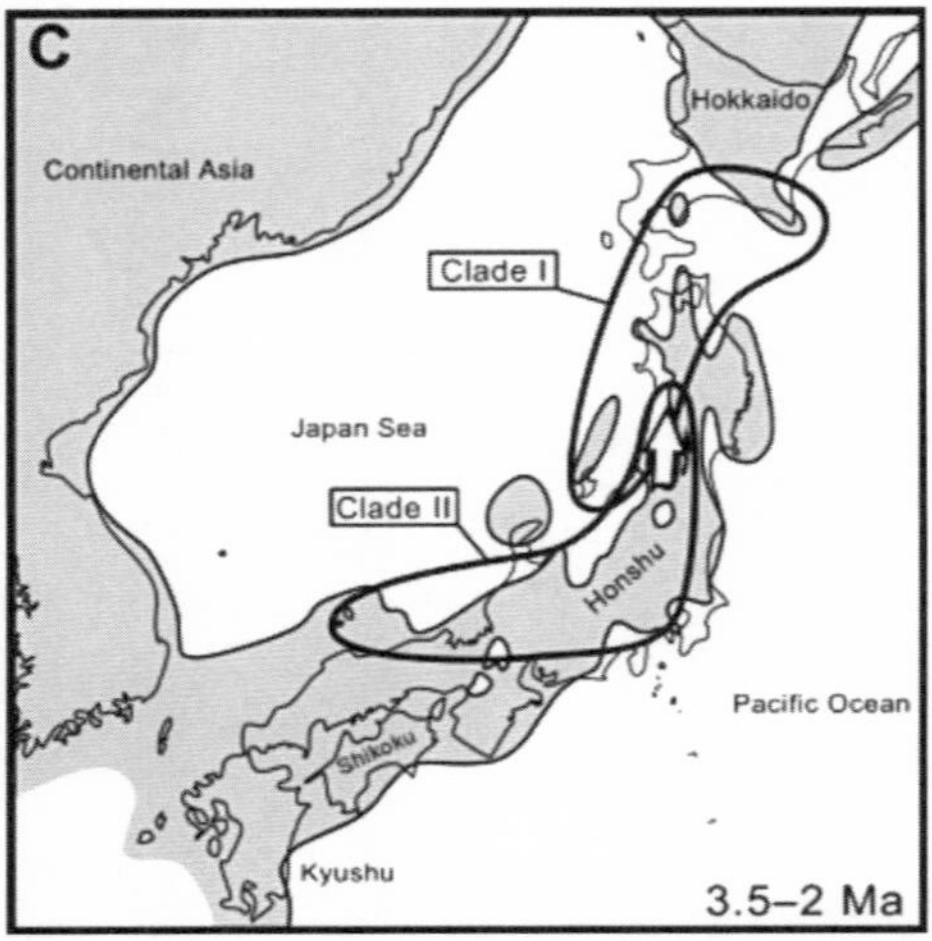

三百万年前の日本列島（現在の琵琶湖付近に二つの湖）Yuichi Kameda & Makoto Kato (2011) BMC Evolutionary Biology 11: 118. doi:10.1186/1471-2148-11-118. Figure 5C.

そのような地形のもと超長期に亘って存在し続けた琵琶湖だが、現在の場所に大きな北湖ができたのは四〇万年前である。四四〇万年前に伊賀にできた大山田湖から、阿山《あやま》・甲賀湖、蒲生《がもう》沼沢地、堅田《かたた》湖と名前と場所を変え、堅田湖（現在の琵琶湖南湖の位置、一三〇万年前から）が北に広がって今の琵琶湖になった。

日本列島がユーラシア大陸から離れた（二〇〇〇万年前）後の三〇〇〇万年前の古代地図に琵琶湖が表示されているのを見つけると、感動ものである。ホモサピエンスがアフリカ大陸を出発するずっと以前の時代である。

実際に、琵琶湖周辺の現場に行ってみよう。

まず、琵琶湖唯一の流出口である瀬田川の最初の水門・洗堰《あらいぜき》と狭い渓谷を眺められる鹿跳橋《ししとびばし》。琵琶湖湖面（海抜八五メートル）から流れ出た水は、洗堰で流れを一旦留めて広い水面を作るが、堰を抜けると両側の硬い崖に挟まれ細い急流となって白波を立てて流れ下っていく。

その先には、利水用の天ケ瀬《あまがせ》ダムが造られ、狭い峡谷に細長いダム湖ができている。ダムを出た水はおよそ七〇メートルの落差を一気に駆け抜け、海抜一〇メートルの京都盆地に流れ込む。水は深さを増し、濃い緑色の激流となって滔々《とうとう》と宇治平等院の東側を流れる。この地域では名を宇治川と変えている。源義経の源平合戦、北条泰時の承久の乱の合戦で有名な宇治川である。川は、京都の南を通過した後、鴨川、桂川と合流して淀川となり大阪湾に流れ出る。

瀬田川流域の山並みが琵琶湖の水を堰き止めている壮大さは圧巻である。

次は、琵琶湖と比叡山地の間にあって湖の深さを維持している琵琶湖西岸断層帯。断層は地中にあって直接見るのが難しいが、琵琶湖博物館（琵琶湖東岸、烏丸《からすま》半島）に行くと、断層面が切り出され展示されている。そこでは、断層で湖底が沈んでいくメカニズムや、超長期の古代湖の歴史を一覧できる。

このように琵琶湖周辺の景観を見てくると、改めて滋賀県全体が海抜八五メートルの大きな水瓶だと分かる。琵琶湖の水のみならず、湖東平野の土壌まで瀬田川流域の山塊が堰き止めている。瀬田川はその水瓶の唯一の流出口として琵琶湖の水位を一定に保ち、世界有数の古代湖を存続させている。

参考資料　里口保文『琵琶湖はいつできた―地層が伝える過去の環境―』琵琶湖博物館ブックレット⑦サンライズ出版（二〇一八年）

安土夢幻紀行

寺田弘

滋賀県

令和四年一一月六日、「ぎふ信長まつり」で、木村拓哉が戦国武将に扮してパレードする「信長公騎馬武者行列」が行われ、大変な話題を呼んだ。翌五年一月公開の映画『THE LEGEND & BUTTERFLY』で共演の岐阜出身、伊藤英明に依頼されての登場で、木村信長の「皆の者、出陣じゃ」に岐阜市中心部の目抜き通り約一キロの区間は約三〇分間、そのパレードで沸きに沸いた。なにしろ行列の観覧募集には定員の一万五〇〇〇人の六四倍の九六万人超の応募があり、後に経済効果一五〇億円だったと検証されたくらいだ。そういったことを横目で見ながら、私は一週間後に行われる「あづち信長まつり」をやおら観に行こうと思い立った。安土は織田信長が「天下布武」を誓った地である。城跡にはすでに一〇回くらい登ったが、まち（旧城下町）は一度も歩いたことがない。ぜひこの機会にくまなく歩いてみようと思ったからだ。安土町（人口約一万二〇〇〇人）には前日から訪れ、幸いに天候にも恵まれ、安土の旧城下町を存分に歩くことができた。

信長自身は天正三（一五七五）年一二月にそれまで居住した岐阜城および家督一切を長男信忠に譲り、翌四年の正月から佐和山城主丹羽長秀《にわながひで》を普請奉行に命じて城建設に着手した。その安土城は琵琶湖が眼下まで迫り、古今無双の全山総石垣造りの城郭。真っすぐに延びた一八〇メートルの大手道を経て到達する天守閣五層、内部七重の底面の不等辺八角形の城は、他に類を見ないものだった。

壮麗なる天守を持つ堅固な城郭を作り上げた彼は、同時にその城下町も他にない大市街を建設しようと考えた。そもそも安土という地名は本来「アド」とか「アンド」と呼ばれた低湿地帯だった。それを彼が「あづち」と読み換え、大小の道路を引き込み、往還の旅人は安土に足を留めさせ、町民には楽市楽座制度や諸役免除の恩典に浴させた。また安土周辺の湖水には多数の物資の集積場を設け、各種の文化宗教施設とともに町を大いに賑わせ、将来「平安楽土」にしようと真剣に考えていたふしがある。商人・町人は他国からの移住を奨励し、特に当時京都にいたキリシタンのパードレたちのためには敷地を整備させて、三階建ての壮麗なセミナリヨ建設にはことのほか気を配った。翌日は残念ながら武者行列出発の午前一〇時頃からの降雨で、武者行列の人数や歩く距離も大幅な間引き状態になった。冒頭の「ぎふ信長まつり」に対抗する意図は最初からないので、観覧する人の数や報道関係者もチラホラ。出発点も安土山麓から市内中央に移し、雨が激しくなるにつれ行列一行は三〇〇メートルほど先の安土小学校の講堂に避難、そこでの写真撮影や小イベントに切り替えられた。仕方ないので私もその講堂に入り、用意された椅子に座り、妄想の世界に浸りこむ。

安土小学校の講堂で「あづち信長まつり」参加者の記念撮影（撮影：筆者）

　天正一〇（一五八二）年、信長は本能寺の変で明智光秀に殺害され、主を失った城も城下町も廃墟に帰したが、もし彼が人生を全うしたならば今の日本はどうなっていただろうか。思い切り夢想の世界に入り込む。当然この安土の地は日本の首都になっていただろう。家康に江戸（東京）を、秀吉に大坂（大阪）を、名古屋は股肱《ここう》の臣に任せ、自分自身は安土に一大経済と文化の拠点を開き、日本海を通じて中国、朝鮮、ロシアとの直接接触の場を切り開いたに違いない。おそらく前述の「セミナリヨ」は現在の「ニコライ堂」、前日見て回って確認した信長が宗教問答をした「浄厳寺」は「安土大学」でいわゆる現東大だ。信長が好んで相撲をさせた「常楽寺」は「国技館」、壮麗な「ささき神社」は現在の「明治神宮」、安土に当時からあった郷土屋敷「東邸」は「首相官邸」、天皇家はもちろん「安土城」に居住していただろう。城下町の横に広がる広大な湿地帯は官庁街やオフィス街になり、環状線と地下鉄が縦横無尽に走っていたに違いない。

そんなことを考えていると、突然講堂ではあの「敦盛」の幸若舞が始まった。

「人間五十年、下天のうちに比ぶれば、夢幻《ゆめまぼろし》の如くなり」—そうだ。

信長が天下統一を成し遂げ、生を全うしたならば、キリスト教と西洋諸般への好奇心と向学心に満ち満ちていた彼は、映画『THE LEGEND & BUTTERFLY』のラストシーンではないが、濃姫との海外渡航を夢見た代わりに腹心の家来とともに海を渡り、天正遣欧使節団で四人の少年が辿ったコースを経てヴァチカンに赴き、ローマ教皇グレゴリウス一三世に拝謁し、宗教や欧州の新知識を存分に学んだことだろう。そうしたならば日本の国は一体どうなっていただろうか。

帰途、東京に戻る新幹線内では終始そんな夢想に耽ったものだった。今回の雨中の閑散とした「あづち信長まつり」への紀行は、私にとってまさに安土の地への夢幻紀行であった。

京都府

京都の三大祭　見どころは宮廷と町衆と農民兵

秋山哲

京都の町の真ん中で生まれ、三〇年余り京都に住んだ。京都の祭が大好きである。今も京都三大祭の日が来ると心がむずむずする。

久しぶりに祇園祭を見に行った機会に、京都三大祭をスケッチしてご案内する。

まず春。四月一五日は葵祭である。下鴨神社と上賀茂神社へ勅使が参詣する平安時代に形が整った祭で、源氏物語にも登場する。勅使などの貴人役は束帯姿、騎馬である。牛が曳く藤の花で飾った御所車、牡丹や杜若の花笠など、長い祭列が静かに進む。

学生の頃、下鴨にいたから分かるが、下鴨神社を囲む糺《ただす》の森の青葉若葉の中を進む王朝絵巻に見入っていると、自分が平安時代に紛れ込んだような気分になるのである。戦後、女性中心の斎王代列が加わり華やかになったが、祭につきものの喧騒とは無縁である。

祭を見るには、出発点の京都御所もよいが、見物人が少なくなる上賀茂神社への道中、新緑の鴨川堤がお勧めである。

夏、七月に祇園祭がくる。八坂神社の神幸祭の一七日が前《さき》の祭、還幸祭の二四日が後《あと》の祭である。前の祭は鉾や山二三基が町の中心部大通りを巡行する。後の祭は一一基が前の祭と逆回りに巡行する。鉾は、人の背丈を超える大きな車をつけ、屋根から長い竿「真木《しんぎ》」が突き出た山車《だし》である。その鉾を象徴する長刀などの飾りを掲げる真木は高さ二六メートルにも及ぶ。囃し方を乗せた重さは一〇トンを超える。五〇人ほどが二本の綱で引いていく。他の祭に例のないような大きな山車である。鉾の上でコンコンチキチンと祇園囃子を奏でるが、勇壮な九州の祇園太鼓などとは全く違う。優雅である。

それに、鉾、山の四囲を飾る織物は、ヨーロッパ、ペルシャ、インド、ベトナム、中国などから江戸時代に舶来した物が多い。有名なのは函谷鉾《かんこぼこ》のゴブラン織りである。オランダ商館が徳川三代将軍家光に献上したものといわれていて、図柄は、なんと旧約聖書の一場面である。重要文化財である。他の鉾や山も、ギリシャのトロイ戦争を織り出したゴブラン織りで飾ったりしている。この祭が「動く美術館」といわれる所以だ。これら豪華な山鉾は各町内の持ち物で、町内が祭のすべてを担う。

ただ、京都の「町内」は小さい。四辻から四辻まで、約一〇〇メートル、せいぜい四、五〇軒が「町内」だ。都であった時代以来、この「町内」町衆の財力が祇園祭を支えている。宮廷行事の継承である葵祭とこの点で大きな違いがある。

衣棚町を出発する200年ぶりに復活した「鷹山」
（撮影：筆者　2022年7月24日）

　実は、私が生まれた三条通の衣棚《ころものたな》町《ちょう》という「町内」で、一九九年ぶりに鷹山という曳山《ひきやま》が復活し、令和四年から後の祭に加わった。曳山は鉾とほぼ同じ形の山車である。江戸末期に雨風のために破損して以来、巡行できなかったのだが、「町内」が三億もの金をかけて復興したのである。復活鷹山は私の生家があった真ん前に建ち上がった。

鷹山復活を見るために駆けつけた。ゆらゆらと揺らいで初巡行に出発していく鷹山を町内の人たち皆が拍手で見送ったのであった。

この旅で感じたのだが、前の祭より、後の祭の方がお勧めである。観光客で大混雑する前の祭より人出が少ないからゆっくり見物できる。大通りよりも三条通のような古くからの町通りで大きな曳山を見上げるのは迫力がある。

秋一一月二二日は時代祭である。明治二八年に平安神宮が創建されて以降の祭だから新しい。しかし、京都が都であった桓武天皇の時代から明治維新までを八つの時代に分け、それぞれの時代風俗を二〇〇〇人の行列で展開する壮大な祭である。全部見るのに二時間かかる。しかも、厳密な時代考証を行って、時代ごとの鎧も兜も衣装も、京都の伝統技術を総動員して「本物」を整えたというから、見応えがある。この祭は「動く博物館」といってもよい。

私のお勧め一番は、行列の先頭を行く維新勤皇隊である。維新に決起し、仙台にまで進軍した京都北方、丹波山国村の農民兵部隊だ。横笛と太鼓によってピーヒョロロ、ピーヒョロトントンと演奏しつつ、錦の御旗を押し立て鉄砲を肩に進む。左足を前方左に、右足を前方右に大きく踏み出す独特の歩き方で、隊列全体を左に右に揺らしながら整然と行進する。子供の頃、我が家の前の三条通を集合場所の御所へと行進するのを見て以来、私は勤皇隊のファンである。

宮廷絵巻、町衆の財力、農民兵の先頭行進と、京都の三大祭は色合いが多彩である。

史上最強の将軍・大阪人楠木正成の史跡と今

大阪府

角忠夫

日本の歴史で、中世である鎌倉・室町時代からは各地域の武家たちが乱立し、帝・朝廷と武家による幕府との政治の主導権争いが絶えず、戦国時代が到来した。この時代以降、多くの有能で強い将軍が登場するが、これら将軍たちの中で史上最強の将軍は諸説あるも、躊躇なく鎌倉から室町時代の河内（現大阪府千早赤阪村）出身の楠木正成（一二九四～一三三六）を掲げたい。正成は時の後醍醐天皇の鎌倉倒幕計画に挙兵して参戦した。幕府先兵の六波羅探題軍との金剛山を背にした赤坂城、千早城の決戦では、数万にも及ぶ幕府軍に対し、わずか数百の楠木軍が、藁人形に兜を被せた影武者を立て、近づいた幕府軍に大石や熱湯を浴びせ、三方に分かれての川の深みへの落とし込み、兵糧攻めなどあらゆるゲリラ戦法で大勝利を収め、正成の名声は一躍広まった。この幕府軍の敗北を受け、全土での倒幕機運が高まり、足利尊氏の六波羅探題の攻め落とし、新田義貞による鎌倉幕府滅亡につながり、時代は鎌倉から室町に移っていく。

正成は戦術家の猛将のみならず、金剛山の辰砂《しんしゃ》採掘を生業とする実業家であり、大和川、淀川を通じて京都、大阪を結ぶ物流を押さえる大変な政商で、地域の統領たちのビジネスを支援することを通じて自軍に引き寄せる、まさに大阪人武将として面目躍如たるものがあった。さらに後醍醐天皇の建武政権下で最高政務機関である記録所の寄人（職員）に大抜擢され、能吏として官僚的能力も評価されたマルチタレントであった。皇居外苑の二重橋を正面に見据える絶好の場所に将軍で唯一、楠木正成像だけがあるのも納得である。

　政権に野望を持つ足利尊氏が謀反を起こし、京の帝軍を攻めるべく一〇万の軍勢を携え兵庫まで上がってきた。帝は正成に対し義貞とともに出陣を命じたが、正成の今は戦うべき時でないとの進言も却下され、やむなく兵庫に向かうこととなる。道中、正成は同道を懇請した長男楠木《くすのき》正行《まさつら》（小楠公）に「今生汝の顔を見るのも今日が最後」と桜井（現大阪府三島郡島本町ＪＲ「島本駅」、楠公父子別れの石像あり）の宿から河内に帰した。「青葉茂れる桜井の」で始まる唱歌「桜井の決別」は、口ずさむ都度六番まで涙なしに歌うことができない。兵庫で義貞と合流した楠木・新田連合軍は、足利軍と「湊川の戦い」（湊川神社　ＪＲ神戸線神戸駅）に臨むこととなるが敗北し、弟楠木《くすのき》正季《まさすえ》と刺し違えて自害する。正成がこれだけの人物なのに自分の最期だけは間違ったと思わざるを得ない。負け戦と十分の情報分析の上で上司たる帝に進言したにもかかわらず聞き入れられなく、武士道の美学たる自害を遂げた。

皇居外苑二重橋前　楠木正成像
（隠岐に流されていた後醍醐天皇が還幸した時に兵庫で迎えた正成の姿　撮影：筆者）

　正成の戦の拠城金剛山は標高一一二五メートルと大阪最高峰で、奈良との県境に位置し、山道も手入れがよく行き届き、バス停「金剛登山口」（最寄り近鉄河内長野駅）より千早城跡を経て頂上まで約二時間で行くことができ、年間五〇万人が訪れるというインバウンドツーリストたちにも人気あるパワースポットである。筆者は幼少時大阪市内に居住し、小学校入学の年、金剛山麓に疎開し六年間過ごした。毎日見上げる金剛山に、あの過酷な戦後の時代にもかかわらず学校より引率され、キャンプに行く機会があった。キャンプファイヤーを囲みつつ、「遠き山に日は落ちて」（ドボルザーク交響曲「新世界より」第二楽章のメロディー、作詞堀内敬三）を教えていただいた先生方や、いまだに疎開っ子にまで同窓会の案内をくれる当時の仲間たちを、頂上からの大阪平野の大パノラマを眺めつつ懐かしく想い出す。

正成時代からすでに七〇〇年は過ぎたが、多くの残された遺跡の数々は今も健在で、郷土千早赤坂には楠公史跡保存会もある。歴史を貴ぶ郷土愛に立脚した世界に誇れる国民性と、軍神とまで崇められ、「楠公さん」と親しまれた正成への愛着であろう。この歴史探訪から現世に学ぶことは数多く、一つは河内の田舎から一〇〇年続いた鎌倉幕府を倒壊せしめた地方創生パワーであり、二つには殆ど教育もない時代に将軍、企業人、能吏を具備した強いリーダーの育成手法であり、三つには優れた実績を持つリーダーほど間違ってはいけない引き際の美学、四つには大軍勢で一日にして決戦を片付け得ると仕掛けた戦争にもかかわらず結果は大惨敗する政権とその意思決定メカニズムのあり方など、正成のケースはリスキリングの社会人大学院などでの格好の教材である。日本列島の各地に蓄積されている貴重な歴史探訪を通じて現代を考えることは、新しい日本列島再発見の知的でエキサイティングな旅である。

チンチン電車は古代から中世、近代の「堺」を行く

七字祐介　大阪府

明治二八（一八九五）年、早々と制定された「堺」の市章は旧摂津市、旧河内市、旧和泉市、近接三市の「市」の文字が頭を寄せ合って三つ巴を描く。なんとも分かりやすい図柄になっている。そして堺の呼称は三市が堺市と境を接しているからということであるらしい。古くから堺市が歴史的に中心にあったということだろう。

堺市は戦前、大阪市に肩を並べて重工業都市を標榜したから、戦時下にアメリカの執拗な空襲を受けて戦後は焦土からの再出発であった。東西は奈良と瀬戸内海を結び、南北は京都と紀伊・熊野を結ぶ旧五街道があるが東西方向、竹内街道を〝大小路〟として整理し、南北方向は紀州街道を道路幅五〇メートルの〝大道筋〟として整理した。道路中央にチンチン電車が走る。東に世界遺産である百舌鳥《もず》古墳群を控え、西は堺港から瀬戸内海へ開ける、天空率が高く美しい風景である。

堺は大和川と併せて海運の拠点として古くから発達した。戦国時代は諸大名は競って勘合貿易や南蛮貿易に力を入れたから栄華を極めた。相変わらず京都では足利将軍と有力守護が内輪もめする間に、一介の阿波の戦国武将であった三好元長《みよしもとなが》、長慶《ながよし》父子があれよの間にこの堺の地に頭角を現し、一二代将軍、足利義春を放逐して、「堺」に三好政権を打ち立てた（一五二七年）。歴史上「堺」が天下の頂点に座す時代があったのである。三好政権下、貿易で巨利を得た堺の商人は戦乱の世に会合衆《えごうしゅう》とい

われる自治組織をつくって、街の自由と自治を掲げて防衛を図った。市街地は周囲に濠を巡らせ、守護や地頭の差配にも臆せず、南蛮貿易の富に目を付けた信長や秀吉の圧力にも屈せずにである。NHK大河ドラマ「黄金の日々」は伝説的な貿易商、呂宋助左衛門《るそんすけざえもん》が南蛮貿易への夢とロマンを追ってアジアを駆け巡った話である。一方、巨万の富を懐に詫び茶の精神文化や天目茶碗、茶具一つで大名相手に国の売り買いを求めるようなバブルな世界が堺であった。宣教師のフロイスによれば、堺は自治都市ベネチアを彷彿させたというから、私たちの表向きの学習では歴史から抜け落ちたような中世の時代は、実は堺に凝縮してあったのかもしれない。堺の時代はこればかりではない。天文一二（一五四三）年、種子島に上陸した一丁の火縄銃が堺の刀鍛冶師によって量産されて、世は戦国、アッという間に諸大名間に普及した。三〇年後、織田信長が武田氏を一掃した長篠の戦いの主役は四〇〇〇丁ともいわれる鉄砲であった。一〇〇年に及ぶ戦国の世に終止符を打ち、徳川の時代へ移行を促す決定的なエポックであった。鉄砲の伝来から間もない天文一九（一五五〇）年、フランシスコ・ザビエルがキリスト教布教の名目で豪商の日比屋了慶《ひびやりょうけい》を頼って堺にしばらく逗留している。

堺市市章（提供：堺市）

「堺」が古代から中世、近代に至るまで、日本の次時代へのプレステージであったことに気づかされる。環濠都市をチンチン電車で旅してみよう。

堺のチンチン電車は正式には阪堺《はんかい》電気軌道鉄道という。市中を走る路線は二本、一本は阪堺線、一本は上町線、一日自由乗車券を買い、乗り継ぎの旅を楽しむのである。それではあべのハルカスの麓、天王寺駅を出発進行しよう。住吉鳥居前で下車、日本三大社（伊勢神宮、出雲大社、住吉大社）の一つ、住吉大社へ詣でる。古く海人族が瀬戸内海を伝って行き着いた先が住吉神社といわれる。航海の無事を祈る全国二三〇〇社の総社である。古代、堺港へ入港して出会う風景は、巨大な古墳群と自然林を背景に聳《そび》える四天王寺の五重塔が水面を前にして華麗な住吉大社、ぞくっとするほど美しい風景であっただろう。

大和川を渡ると堺市に入る。宿院で下車して「利晶の社」を訪ねよう。利晶とは利休の利、晶は与謝野晶子の晶、時代を隔てながらなぜ二人なのか。利休は秀吉との行き違いに詫びを拒んで自害へ追い詰められ、晶子は日露戦争の戦地の弟を思っての歌「君死に給うことなかれ、旅順の城は滅ぶとも滅びずとも何事ぞ――」反戦歌かと思わせる厳しい口調だが、叛骨精神旺盛な堺人気質であるのか。

御陵前《ごりょうまえ》で下車して「南宗寺《なんしゅうじ》」へ向かう。「南宗寺」は京都大徳寺の別格本山のようなもので大伽藍の古刹である。先述した三好政権時代の三好長慶の開山になる。何より一休和尚から侘茶の祖、村田珠光、千利休に至る茶人の供養塔等、表・裏・武者小路十家の茶道のメッカである。

「堺」は古代から中世、近代、現代に至るまで、歴史を記憶してきている街である。日本人が持ち合わせている水の記憶を「環濠都市」の中にいまだ持ち合わせている街であること、何より幾多の歴史の試練がありながら、美しい市民の生活が営まれていることである。古代に死者をとむらう「山」を積み、市中の狭い生活に山居を見つけていく、おそらく日本の茶道、侘茶の原点なのだろう。環濠都市をチンチン電車で走って、改めて「堺」の美しさが理解され、現代都市「市中の山居」として生き続けることを願って止まない。

歴史的町並みを歩く～兵庫県龍野の城下町

兵庫県

佐々木一成

初秋のある日、高校時代の同級生から「龍野《たつの》の城下町を舞台にオータムフェスティバルが開催されるので帰ってこないか」との電話があり、帰省を兼ねて久しぶりに兵庫県たつの市を訪れた。

たつの市（人口七万四〇〇〇人）は兵庫県西南部を流れる揖保川《いぼがわ》沿いにあって、江戸期には龍野藩脇坂氏五万三〇〇〇石の城下町として賑わったところである。町並みに白壁や町家造りの建物が多く残ることから「播磨の小京都」とも呼ばれている。地場の産業は淡口《うすくち》醤油や手延べ素麺（「揖保乃糸」）などで、それらの名産品は今も広く全国へと出荷されている。二〇一九年には市の中心部である龍野地区が、国の「重要伝統的建造物群保存地区」（重伝建地区）に選定された。種別は商家町・醸造町である。選定に際しては、四〇〇年前の町割りをほぼそのままに留め、江戸中期から昭和初期に至る伝統的な町家や商家、醤油蔵などが多数残されていることが評価されたという。

毎年一一月に行われるオータムフェスティバルは、この歴史的町並みを歩いて巡るイベントで、二〇二二年は一九回目の開催であった。今回は、およそ一〇〇もの施設（町家、商家、寺院、醤油蔵、麹蔵など）が飲食・物販店や体験イベントなどを出展しており、観光客と地域住民が入り交じって町歩きを楽しむ光景があちこちに見られた。

実際に町歩きをしながら建物や展示物などを見ていくと、龍野には住民主体で二つの誘致活動が活発に行われていることが分かった。その一つが、「寅さんサミットを龍野に誘致する会」の活動である。寅さんといえば、あまりにも有名な国民的映画『男はつらいよ』シリーズ（山田洋次監督）の主人公だ。そして、ここ龍野が第一七作『寅次郎夕焼け小焼け』（一九七六年公開）の舞台（ロケ地）となっている。出演者は、主演の渥美清をはじめ太地喜和子、岡田嘉子、宇野重吉、久米明、寺尾聡など、今考えても超がつくほどの豪華キャストだ。そして、この作品は太地喜和子が生き生きと演じた龍野芸者ぼたんと、当地の古い町並みや入り組んだ路地などの景観が見事にマッチして、シリーズの中でも常に上位にランクされる名作となっている。年に一度、シリーズのロケ地が葛飾柴又（東京）に集って「寅さんサミット」を開催しており、それを龍野へと誘致しようというのがこの活動の目的という。そして、もう一つが「碧川《みどりかわ》かたを朝ドラの主人公にする会」の活動だ。碧川かた（一八七二〜一九六二）は龍野出身の詩人・三木露風の母で、離婚、再婚を経て、女性の自立や参政権運動などに積極的に取り組んだ社会運動家であった。当時としては画期的ともいえる行動力をもった女性だったようだ。

龍野城跡（撮影：筆者）

　そもそもは鳥取池田藩家老の次女として生まれ、一六歳で龍野の名家である三木家へと嫁いで露風を産んだ。後に、両親の離婚で龍野に残された露風が母を想って作詩したのが、現在も広く知られている童謡「赤とんぼ」である。そして、この碧川かたの生涯をNHKの連続テレビ小説（朝ドラ）で、ぜひ描いてもらいたいというのがこの会の目的である。

これら二つの誘致活動は、いずれも地元の有志を中心として熱心に取り組まれている様子であった。もし誘致が実現すれば、龍野の知名度向上や観光客増加などによる地域活性化効果が見込まれるだろう。

龍野の城下町は、山と川に囲まれた、ほんのわずかな平地に町並みが形成されている。高度成長期の市街地再開発とは無縁で、しばらく前までは眠ったような町とも評されていた。それが日本社会の成熟化とともに歴史的町並みの価値が見直されることで、むしろ脚光を浴びるような時代となってきた。

コロナ禍が一段落した現在、日本の観光地には再びたくさんの外国人観光客が訪れ始めている。その一方、京都や鎌倉などでは早くも観光客の集中によるオーバーツーリズムの弊害が出始め、地元住民の生活に支障をきたすような事態も報告されている。これからは、増加し続ける外国人観光客（もちろん日本人観光客も）を、日本の各地域で分担して受け入れることが必要となってくるだろう。こうしたことから、まだその存在をさほど知られていない龍野のような町を、たくさんの内外観光客が訪れるようになる日も近いのではと思われる。

少子高齢化、自治体の財政難などで地方経済はますます大変になってくることが想定されるが、旅行者をはじめ関係人口を増加させることで一定の歯止めは十分に可能だろう。それらに備えるためにも、たゆまずに「町磨《まちみが》き」をして、地域のブランド力を高めていく努力が重要となろう。

今回は、久しぶりに故郷・龍野の城下町を訪れ、地域おこしや町の再生などについてあれこれと考える実り多い旅となった。

酒造り発祥の地・奈良を巡る

角谷充弘

奈良県

『日本書紀』の記述によれば、今からおよそ二〇〇〇年前、実在する最古の天皇第一〇代崇神《すじん》天皇時代、疫病流行で国が混乱を極めている中、天皇は夢で大物主大神様《おおものぬしのおおかみさま》から「酒を奉納しなさい」とお告げを受けたとされる。それを聞いた天皇は高橋活日命《たかはしいくひのみこと》を呼び、一夜で酒造りを行い、神酒を奉納せよと命じたところ、疫病は去り、国が富み始めたとの記述がある。

奈良県桜井市三輪《みわ》の大神《おおみわ》神社は、酒造りの神が祀られていることで知られる我が国最古の神社といわれている。当神社には本殿がなく、拝殿の奥にある三つ鳥居を通じて背後にある三輪山《みわやま》を御神体と仰ぐ。神社の社殿が成立する以前の原初の祀り方を今に伝える祭祀の姿である。境内に大きな杉の木が聳え立つ。大物主大神の化身白蛇が棲むところから「巳《み》の神杉《かみすぎ》」と名付けられている御神木である。当社では毎年一一月一四日「酒祭り」（醸造祈願祭）が開催され、全国の酒造家、杜氏《とうじ》、酒造関係者が集まり、新酒造りの安全を祈願する。

大神神社の脇から北に向かうとすぐ日本最古の道とされる「山辺《やまのべ》の道《みち》」に通じる。その出発地点ともいえる場所に大神神社の摂社でもある活日《いくひ》神社がある。崇神天皇に召され、酒を造った高橋活日命が祀られている。杜氏の祖先神として酒造関係者の信仰が篤い。以上から酒造りは三輪の地が発祥といえる。万葉集で詠まれている三輪の枕詞は「うま酒」だ。

高さ四六七メートル、形の整った緩やかな円錐形をした三輪山、眺めようによっては何の変哲もない、地味でどこにでもありそうな山ともいえる。が、七十数年来目にしてきた筆者には、万葉の世界を彷彿とさせる、なんとも穏やかでありながら神々しく、時に近寄り難い山に見える。山には杉が多く植えられ、この杉の葉を使用して造られる杉玉が毎年「酒祭り」の後、酒蔵のシンボル「しるしの杉玉」として全国の蔵に授与される。青々とした杉玉は「新酒ができました」の合図でもある。ワインの新酒が出廻る頃、ウィーン郊外の造り酒屋ホイリゲの軒先に、もみの木の枝が飾られるのと共通した文化、習慣がすでに遠い昔から日本の片隅に存在するのが不思議である。

ご神体三輪山を抱く酒の神様三輪明神の一の鳥居
（撮影：筆者）

清酒《すみさけ》発祥の地とされる現在の奈良市菩提山町に菩提山正暦寺《ぼだいせんしょうりゃくじ》がある。九九二年一条天皇の命を受け創建された、創建当初八六坊の塔頭《たっちゅう》が立ち並んでいた大寺院である。この寺の境内に「日本清酒発祥の地」と明示された石碑が建っている。鎌倉時代以降、それまでの朝廷に代わり奈良や河内《かわち》の大寺院が醸造の役割を担っていた。僧坊酒の始まりである。僧坊酒は戦国時代「奈良酒《ならさけ》」として広く全国に知られていた。近代醸造法の基礎となる酒造技術が一四〇〇年代初め、すでにこの寺院で確立されていた。清酒発祥の地と呼ばれる所以である。

当時の伝統的な酒造りを再現し継承しようとする「奈良県菩《ぼ》提酛《だいもと》による清酒製造研究会」（菩提研）は、毎年一月上旬正暦時において菩提酛と呼ばれる酒母を造り、菩提研に属する県内七つの蔵の杜氏が集まり、それぞれの蔵に持ち帰り、独自の清酒《せいしゅ》を造ることにより伝統と文化を維持、継承している。

奈良酒は、歴史と伝統に基づき奈良大和《やまと》の地で現在も醸されている「大和のうま酒」のことである。現在三〇軒近くの蔵が奈良県の北部と中部に点在しており、三〇〇年以上続く蔵も数軒ある。奈良県は私鉄網が発達しており、JRと合わせ利用すれば蔵巡りはさほど困難な地域ではない。京都、大阪、名古屋からのアクセスが容易である。

奈良酒を巡る旅は、まずは玄関口JR奈良駅または近鉄奈良駅からスタートし、市内で春日大社、正暦寺を経て酒蔵を一軒訪ねる。翌日は、JR奈良駅から南に約二五分、JR三輪駅で下車。歩いて大神神社、活日神社を訪ね、近くの酒蔵に立ち寄る。一泊二日の旅程となる。もし、余裕があり、あと一泊して県内の蔵をさらに一、二軒訪ねることができれば日本酒の歴史、伝統と文化の理解を一層深めることができよう。

奈良酒を語る際に春日大社についても触れておく必要がある。七六八年造営された当社には日本最古の酒を醸した蔵（酒殿）が今も残っている。八五九年神酒《みき》醸造所として酒殿が建立され、以来一二〇〇年に亘り神事に必要な濁酒《にごりざけ》が年間三石造られてきた。明治以降は市内の酒蔵が醸造を請け負っており、毎年三月一三日に開催される例祭（春日祭）にお供えされる。

奈良酒を求めて蔵を巡り、酒に縁のある場所を訪ね、古代、中世に思いを馳せながら大和を旅する。きっと通常の観光旅行では味わえない心豊かな満足感を得られよう。

ヤマタノオロチと八百万《やおよろず》の神を酔わせた出雲酒

島根県

段谷芳彦

日本酒は日本の文化の一つの象徴だ。その発祥の地は一体どこなのだろうか？　奈良県の正暦寺や兵庫県の庭田神社、島根県の佐香《さか》神社など、いくつかの説があるが、私自身、出雲出身の者としては、出雲地方がその真の発祥地だと確信している。

『出雲風土記』には、「御厨を立て、酒を醸させよ」という記述がある。この書物は、和銅六（七一三）年五月に元明天皇によって編纂が命じられ、天平五（七三三）年二月三〇日に完成し、聖武天皇に献上されたものといわれている。したがってそれ以前から出雲地方ではお酒造りが盛んに行われ、酒造りの技術が集積されていたと考えられている。

一方、奈良の主張する清酒発祥の地である「正暦寺」は、正暦三（九九二）年に一条天皇の勅命を受けて兼俊僧正が創建したと伝えられている。しかし、『出雲風土記』の記述と比べると、比較的新しい時期のものだ。ただし、奈良の場合は清酒という概念が含まれている。

人類の歴史上、お酒の起源は紀元前四〇〇〇年～二〇〇〇年頃といわれている。現在のイランに当たる地域や古代エジプト、古代メソポタミアにもその痕跡があるが、中国もその一つだ。

中国の文化や技術、産物などは古代から朝鮮半島を経由して日本にもたらされたが、当時の出雲地方は大陸との交流の要所であり、さまざまな文化や技術が集積されていた（『古事記』『日本書紀』や

『出雲風土記』などを参照）。

日本でも古くから、穀物や果実を噛んで発酵させる方法でお酒のようなものを造っていたが、米を原料として麹菌を使った製法は、中国から朝鮮半島を経由して、まず出雲地方に伝わり、そこから日本の各地に広まっていったとの説が妥当であるとされている。

島根県の西部、松江市と出雲市の間に広がる宍道湖の北岸は、出雲市に向かって左側に夕日に映える美しい湖畔が広がり、右側にはのどかな田園風景が広がっている。しばらく進むと眼病治癒で有名な一畑薬師《いちばたやくし》に通じる道に出る。これを進むと、やがて左手の小高い丘に佐香神社（松尾神社）が現れる。この神社こそ、日本におけるお酒発祥の地であり、伝承によれば当時この地域は酒造りのメッカとして栄えていた場所といわれている。

八雲立つ、出雲の夕暮れ（撮影：筆者）

出雲佐香神社には、古くから伝わる「お由来記」があり、主祭神の「久斯之神《くすのかみ》」は酒造りの神でもあるとされている。また有名なヤマタノオロチ伝説では、「八つの頭を持つ大蛇ヤマタノオロチが斐伊川流域に毎年甚大な災難をもたらしたが、スサノオノミコトが地元の人々に強いお酒を大量に造らせて、これをヤマタノオロチに飲ませて退治した」という話が伝えられている。またこの地域には、神無月（出雲地方では現在でも神在月という）に全国から集った八百万《やおよろず》の神々が一堂に会し、お酒を酌み交わしながら政《まつりごと》を議論したなど、お酒にまつわる神話が数多く存在している。

ちなみに、出雲地方出身の醸造家は「秋鹿杜氏《あきしかとうじ》」と呼ばれ、その中でも松江市秋鹿町周辺出身者が有名だ。大阪の銘酒「秋鹿」は、この地域の杜氏に由来している。出雲杜氏は非常に優れた技術を持っており、全国の酒蔵から多くの注目を浴びていたようだ。

さて、前述の佐香神社では、毎年一〇月一三日に「どぶろく祭」が開催され、多くの人々で賑わう。この神社は明治政府から酒造りの許可を受けており、「濁酒一石以下無税」という特権を持つ珍しい神社だ。神社で醸造されたどぶろく酒は持ち出し禁止となっており、当日のイベントでしか味わうことができない。私もこの日に合わせて里帰りし、何度か訪れている。広い境内に広がる木々の中で、神々の国出雲の悠久の歴史を感じながら、そして山陰の穏やかな秋の日差しを浴びながら飲むどぶろく酒の味は格別だ。毎年この日を楽しみにしている。

近年、若者の日本酒離れなどにより、国内の需要が年々減少しており、蔵元の数もかつての三分の一（約一二〇〇蔵）にまで減少している。一方、世界的な日本食ブームの影響もあり、海外での需要は増加傾向にある。一部の大手蔵元はブランド力や広告宣伝力を生かして輸出量を伸ばしているが、多くの蔵元は地域に根ざした小規模な企業だ。彼らはそれぞれイノベーションに取り組み、新たな消費者層を開拓するためのさまざまな取り組みを行っている。日本酒は日本の文化であり、各地方の象徴的な地場産業だ。私たちは日本国民として、この産業を守っていくべきだと考えている。

岡山県

高梁《たかはし》市の街並み、城、ジャパンレッド

木口利男

筆者は高梁《たかはし》市から車で三〇分の岡山県矢掛町《やかげちょう》の生まれである。高梁市にある備中松山城は、かつて小学校の遠足の定番であった。その後、半世紀の間訪ねるチャンスがなかったが、今般観光立国研究会の仲間と登城したので、お城と合わせて高梁市の見どころについても紹介することとしたい。

高梁市への鉄道でのアクセスは、岡山駅から市の玄関口である備中高梁駅まで伯備《はくび》線を利用する。特急やくもなら三六分だが、各駅停車でのんびり一時間かけて高梁川に沿った景色を楽しむ電車旅がお勧めだ。車窓から見える高梁川は岡山県三大河川の一つでゆったり流れていて、四年前の西日本豪雨時に流域で大洪水を引き起こした暴れ川のイメージとは程遠い。市の南端に位置している備中高梁駅を降りると、南町から北に向けた松山通りと呼ばれる街道が走っていて、道筋にはかつて商売の中心地であったことを偲ばせる平入《ひらいり》の町家が建ち並んでいる。城下町として発展した高梁市には、備中松山城の外堀の役割も果たしていた高梁川の東側を中心に整備された街並みが残っている。高梁川の支流である紺屋《こうや》川河畔の並木道沿いには、県内最古の教会で、新島襄が布教に訪れたこともある高梁キリスト教会堂や、農民出身の儒学者山田方谷《やまだほうこく》が学頭を務めた藩校の有終館《ゆうしゅうかん》跡などが点在し、散策に適した穏やかな風景が続く。また紺屋川河畔は桜の名所としても人気が高く、「日本の道100選」にも選ばれている。

山側には防衛拠点の役割も担ったたくさんの寺院群があり、映画『男はつらいよ』のロケ地にもなった薬師院をはじめ壮麗な石垣を有する寺院が多い。中でも頼久寺《らいきゅうじ》は暦応二（一三三九）年に足利尊氏が諸国に建立させた安国寺の一つで「鶴亀の庭」と呼ばれる禅院式枯山水蓬莱庭園が見事である。この庭は小堀遠州が備中国奉行を務めていた時に手掛けたもので、彼の初期の代表作といわれている。

幕末期、放漫財政に苦しんでいた備中松山藩に養子として迎えられた板倉勝静《いたくらかつきよ》は、山田方谷に命じ、藩政改革に取り組ませた。方谷は負債整理など六つの目標を定めて藩政改革を推し進め、短期間で実績を挙げた。特に「産業振興」や「市民撫育」、「文武奨励」などの施策は他の藩でも参考にされた。利他の精神で藩政改革に取り組んだ山田方谷は今でも地元の人々からの尊敬を集め、高梁市の音頭取りで岡山県を挙げて方谷を主人公とするNHK大河ドラマの誘致活動が行われている。市内の臥牛《がぎゅう》山《ざん》に作られた備中松山城は、天守が現存する日本で唯一の山城だが、標高四三〇メートルの山上にあるので徒歩で登るのは大変である。観光客は皆八合目のふいご峠までバスで登り、ふいご峠から天守までの七〇〇メートルの山道を登る。登り口で杖を貸してくれるので、登城者は杖を頼りに徒歩で約二〇分かけて細い山道を登る。城には天然の岩盤の上に、山裾から斜面に延々と石垣を築き建てられた壮大な城塁があり、城自体が築城に関わった人々の技術と汗の結晶が感じられる見事な芸術作品である。

吹屋の街並み（提供：高梁市産業観光課）

観光立国研究会の仲間と登城した際には、本丸に到着した我々を「猫城主のさんじゅーろー君」が出迎えてくれた。私にとっては小学校の遠足以来、半世紀以上経った再登城だったが、同行のガイドさんの詳しい説明のおかげで当時とは比較にならぬほど理解が深まった。お城への登城とは別に「備中松山城展望台」から眺める備中松山城の景色は「雲海に浮かぶ天空の城」として有名で、一見の価値がある。雲海が発生する時期は、九月下旬〜四月上旬の明け方から午前八時頃、十月下旬〜十二月上旬の早朝にはとりわけ濃い朝霧が期待できるので旅行日程の合う人はぜひトライしてほしい。

高梁市の市街地から西に車で四〇分走ると吹屋《ふきや》という地区に到着する。吹屋は銅山とベンガラの二つの産業を背景として発展した町である。問屋や小売商の家が残る吹屋の街並みは赤銅色の石州瓦とベンガラ色の外観で統一されており、レトロタウンという名にふさわしい。特にベンガラの製造・販売を手掛けていた本片山、向かいの角片山の両家は、往時の繁栄を偲ばせる凝った設計の建築物で、町全体が見事なアート作品のような街並みは「重要伝統的建造物群保存地区」に認定されている。ベンガラは、陶磁器・漆器などの顔料や建築・船舶の防腐塗料として重用され、日本的色調の赤である「ジャパンレッド発祥の地」として日本遺産にも認定されている。

街並み以外にも、ベンガラ製造で財を成した広兼氏が江戸時代後期に築いた広兼邸は一見の価値がある。映画『八つ墓村』の冒頭のシーンに登場した豪邸で、山裾を削り取り建てられた家屋は奥行きが浅く、横に長い間取りの特徴を持つ。当時は治安が悪く、押し込み強盗が多かったことから、屋敷には門番が宿直できる部屋のついた立派な門が設置されている。裏山からの清水が生活水として使用されていて、静かな環境の中で洗面盥から流す水が奏でる水琴窟のかすかな音色には風流を感じられた。

萩の生んだ逸材・吉田松陰を仰ぐ

新宮清志

山口県

安政六（一八五九）年一〇月二七日、吉田松陰は活躍の地、江戸・伝馬町牢内の刑場で首を斬られてその生涯を閉じた。文政一三（一八三〇）年、長州・萩生まれの吉田松陰は、その時わずか二九歳の青年であった（二九歳というと、筆者に当てはめてみれば、大学の助手になって二年目の、研究者駆け出しの年齢に当たる）。松陰は、その死を目前にして、いくつもの詩や和歌を残した。

また早世にもかかわらず、その人材育成の人数の多さと質の高さには驚嘆するばかりである。極めて早く世を去った松陰のもとから、なぜ、どのようにして、多くの逸材（高杉晋作、久坂玄瑞、前原一誠、伊藤博文、山県有朋、山田顕義、野村靖、品川弥二郎、など）が誕生したのであろうか。その時代背景や教育方法などを探りたいと思う。

松陰は、一八五五〜一八五八年までの三年間、萩において松下村塾を運営したが、この頃はどういう時代だったのか。

一八五三年にペリー艦隊が浦賀に来て、強制的に開国を迫り、徳川幕府は和親条約の締結に追い込まれる（一八五四年）。日本や日本人のことを徹底的に調べ上げた上でのペリーの交渉術の巧妙さに加え、アメリカの艦隊と幕府の海軍の戦闘力の差が格段に大きかったからである。松陰は塾を開く前には長崎に行って西洋の船を見たりしていたが、信州出身の佐久間象山に弟子入りしており、象山からの影響も大きかったと思われる。なお、象山は蘭学者の助けも借りて、入手できるあらゆる文献を集めて西洋事情を調査し、西洋のことを熟知していた。そして、嘉永四（一八五一）年に江戸・木挽町に「五月塾」を開き、砲術・兵学を教えた。この塾には、松陰の他に、勝海舟、坂本龍馬など後の逸材が入門している。

吉田松陰の墓（撮影：筆者）

これより少し前には、清でアヘン戦争（一八四〇〜一八四二年）が起こっている。日本の知識層は、そこで何があったのか熟知していたので、日本も欧米の艦隊に征服されて植民地化されるのではないかと非常に心配し、恐れていた。徳川幕府はアメリカの要求に抵抗できず、前述の和親条約を呑み、続いて日米通商条約を結んで開港の取り決めをしてしまった（一八五八年）。

上記のような状況で、松陰はどんなことをし、どんなことを考えていたのだろうか。松陰は、象山の弟子になった後、西洋の技術や制度を学ぶために西洋に行こうと考えて外国船に乗ろうとした（すなわち、命がけで密航を図った）。長崎でロシア船に乗ろうとしていたが、クリミア戦争（一八五三〜一八五六年）が勃発のため、予定より早く出港してしまい、乗船することができなかった（一八五三年）。ついでペリー再航の際、アメリカ船に乗るも乗船を拒否されてしまったので、やむを得ず下田奉行所に自首し、伝馬町牢屋敷に投獄された（一八五四年）。さらにアメリカ船に乗りはしたが、捕まって追放され、幕府の官吏に引き渡されてしまった（一八五四年）。幕府側は松陰を逮捕して牢獄に入れた。その時、象山と松陰を死罪にという動きもあったが、老中首座の阿部正弘らの反対もあって助命、国内蟄居となった。長州へ檻送の後、武士階級の者を収容する野山獄に幽閉された。

野山獄では猛烈に勉強し、倫理哲学、歴史伝記、地理紀行、兵学、詩文、医学など多分野に亘り、計六一八冊を読了した。江戸時代の獄舎は、事実上、無期刑とあまり異ならなかったので、将来展望のない囚人たちは心がすさみ、自堕落な雰囲気が蔓延していた。そのため、松陰は囚人たちに呼びかけ、勉強会を始めた。一方的な講義ではなく、時には輪講も行われ、非常に活発な議論が行われた。その時の質疑応答をまとめた「獄舎問答」がある。病気療養の名目で野山獄を出た松陰は、実父・杉百合助にお預けになった（一八五五年）が、そこの霊室で、身内を中心に、孟子や武教全書を講義した。その後、塾生たちの醵金《きょきん》でできた塾舎が使われるようになった（松下村塾の誕生）。

塾に初めて来た弟子入りを希望する人に松陰が徹底して尋ねたことは、次のことであった。

（Ⅰ）何のために勉強しようとしているのか

（Ⅱ）将来どのような人間になろうとしているのか

孟子の性善説を踏まえて、その発現を目指すのが教育と考えて、塾生一人ひとりの潜在的な可能性を引き出し育てるようにしたのだった。

好奇心旺盛な若者にとっては、国禁を犯してまで海外渡航を企てた松陰は、まことに興味深い魅力的な人物であった。なお、松陰の教育関係の弟子には山田顕義がいる。山田は日本法律学校（後の日本大学）、國學院（後の國學院大學）の学祖で、一四歳の時に入塾している。

山口県

東大寺大仏鋳造のための銅運搬を偲ぶ

矢島健児

自分の旅行の目的の一つは、日本の端を巡ることである。今回は本州西の端の山口とした。第二の目的は、かつて読んだ帚木蓬生氏の『国銅』という小説で知った長門の長登銅山を訪ねることである。天平時代、奈良の廬舎那仏（大仏）の鋳造原料を供給した銅鉱山がどんな場所にあったのか、ぜひ見学したいと思ったからである。この小説は大仏鋳造のため、遠い長門の地から竿銅《さおどう》を作っていた国人が、瀬戸内海を船で難波まで運び、大仏鋳造に参加し、懸命に生きる姿が描かれていた。私は非鉄金属製錬会社に勤めた関係で、小説の中に出てくる銅の製錬所がどんな場所にあり、どのように港まで運んだのか興味を覚えたからである。また、せっかく山口県に行くのであれば、松下村塾のある萩、弥生人の骨が多数埋葬された遺跡の土井ヶ浜にも行くことを予定に組み込むことにした。

一日目は、朝早く東京駅で東海道新幹線に乗り、新山口に向かった。四時間二〇分で新山口に到着し、手配していたレンタカーの手続きを終えて、まず萩をナビに入力して出発した。最初に松下村塾に行った。吉田松陰が塾を開き、有望な青年に教育を施し、そして最後は蟄居した粗末な家を見て、江戸時代の終末に思いを馳せた次第である。

次に萩の過疎化した現在の街を歩き、城跡にも行ってみた。かつての武士の町が今は整然とした住宅街となったが、現代の街からは少し遠くにあり、今は結構暮らしにくそうと感じた。夜は、萩の町から三〇キロ離れた温泉地の長門湯本《ながとゆもと》温泉に泊まった。山口県には調べてみると案外温泉場がある。

二日目は、約一〇〇キロのドライブで、最初は海岸近くの丘にある、最近赤い鳥居の配列で話題となった元乃隅《もとのすみ》神社を参拝し、次に少数の島民のためとは思えない角島大橋《つのしまおおはし》を渡った。どちらも多分今後山口県の魅力を発信できるような場所になるように思えた。この日の目的地は土井ヶ浜《どいがはま》だ。弥生時代の遺跡で人骨が三〇〇体も発見された場所だ。ここはもちろん日本海に面した海岸で、静かな湾の中にあるが、遠く朝鮮半島に向いた海岸にある遺跡だ。かつては少し遺跡より陸地側に住居跡があり、渡来人（？）弥生の人々の集団墓地が発見された。埋葬された人々はかつて先祖が来たであろう大陸を向いているようだった。昔を懐かしむ感覚は今の人と変わらない感情のようだ。

角島大橋（撮影：筆者）

夜は一の俣温泉という山の中にある小さな温泉宿に泊まった。五月半ば、この日の宿で目立つのが一眼レフのカメラを抱えた人だった。それで宿泊後の朝、あるグループの人に何かいいもの撮れるのか尋ねると、清流にたくさんのゲンジホタルがいて、それを撮りに来たとのことだった。山口県内、山の中で清流が守られている地域だからこそホタルが多く生息しているようだ。また、九州、中国地方だとホタルの見頃は関東に比べて時期は早くなるようだ。

三日目は一の俣温泉から定番の秋吉台、そして長登銅山跡地に向かった。山口長門の山々が石灰石の山であり、いくつものセメント関連の工場が山間の美祢《みね》市にあった。その石灰の山の中心が秋吉台だ。この鉱脈は遠く九州福岡、大分まで続いているようだ。秋吉の地下に空間が広がり、それが日本で一番の規模で深くて長い秋芳洞となっている。最後にこの石灰の山の際にできた銅鉱石の鉱脈があったであろう長登銅山の跡地に向かった。長登銅山は七世紀末から八世紀にかけて開発された銅山で、奈良時代に仏像、銭に加工するための銅素材に供され、その規模は変化しながら一九六〇年の閉山まで断続的に操業されてきたようだ。周辺では七三〇年頃、当時の奈良の朝廷と地元の官衙とのやり取りを示す墨書きされた木簡、須恵器が見つかっている。また東大寺大仏鋳造で発生した鍰《からみ》（製品の残り滓のようなもの）が見つかり、その成分の分析結果が、長登銅山で見つかった奈良時代の鍰成分とほぼ一致することで、この地から製錬された銅が大仏の鋳造に使われたと特定された。近くにある長登銅山文化交流館には銅山の歴史が分かりやすく展示されていた。

長登銅山は山口市から約二五キロ山側に入ったところにあり、何百トンもの銅を運ぶにはまず標高一三〇メートルの二本木峠を越え、今の山口市小郡《おごおり》地区の港に運んだようだ。何台もの牛車あるいは馬車で何百キログラムもの銅をこの山深い峠を越えて海側に何度も運んだことが予想される。

ところで、山口県は江戸時代末から明治維新に携わった人々を多数輩出した地で、その後、多数の保守派政治家が生まれた県としても知られている。しかし、山口県全体は山々に囲まれた地域で、その山並みの間に街が発達して農業的にはあまり豊かな地域とはいえないと感じた。戦後はおそらく瀬戸内海沿岸に工場を誘致していったのだろうなという県の状態がよく理解できた。それでも日本海側は今でも海もきれいで風光明媚で、ぜひ皆さんにもお勧めしたい。

高松　魅力ある伸びしろが一杯

合田隆年

香川県

映画『世界の中心で、愛をさけぶ』で有名になった高松庵治《あじ》の地表に庵治石が顔を出したのは、二〇〇〇万年前である。戦災で一部を焼失したが、『平家物語』の源平合戦跡と一一代に亘る徳川松平藩の遺構は、誰もが知る天下の名所である。

一方で、多くの人が惜しみながらも残せなかったものが「宇高連絡船」である。宇野、高松のプラットホームをダッシュした経験は、終生忘れられない。行きの高揚感、帰りの安堵感、そして甲板のうどんの味。学生時代に、愛媛ご出身の大江健三郎さんをお見かけしたことがある。

一九八八年の瀬戸大橋開通、それに続く西と東の自動車道の完成により、高松は「四国の表玄関」の顔を失うが、もともと「通り過ぎる街」で、さほどの影響はなかったのだろうか。高松には今も、いわゆる名門ホテルが進出していない。県内には、目前の小豆島、中讃《ちゅうさん》（讃岐の中部地域）の金比羅山、善通寺、丸亀、坂出、西讃《せいさん》では観音寺、最近知名度急上昇中の父母ケ浜、紫雲出山《しうでやま》の三豊地区など、個性的で魅力溢れる観光スポットが多くあるし、お大師さんの八十八カ所巡行の上り県でもあり、高松と切磋琢磨、連携も深めて、日本一面積の小さい香川県の魅力度を一層高めてほしい。サンポートなど海を背にしたJR、琴電の両駅を中心とした街づくりは今も続いている。空の玄関、高松空港とはほぼ真っすぐの一本道で、距離も短い。中心街の入り口の栗林《りつりん》公園にはバス停がある。

栗林公園は天下の名園である。兼六園、後楽園、偕楽園が日本の「三名園」といわれるが、雪月花に直結していないここを、明治の教科書では「それに続いて勝るとも劣らず」と明記している。初代藩主松平頼重《まつだいらよりしげ》が隠居所として造園に着手、その後一一代に亘って修築を重ね、国の特別名勝指定公園中、最大の面積を持つ、文字通りの「回遊式大名庭園」である。紫雲山《しうんざん》を背景に、六つの池と一三の築山を巧みに配した橋と茶屋に、四季折々に咲く花が千本の手入れ松と相まって「一歩一景」といわれる、変化に富んだ美を醸し出している。ミシュラン三ツ星で開放的、気安さが心地よい。

中央ガレリア（提供：一般社団法人街角に音楽を）

園内には、食事処他、諸施設が整っており、かがわ物産館「栗林庵」は伝統的工芸品を含む県の代表的銘品がそろっているアンテナショップである。

屋島壇ノ浦《やしまだんのうら》は源平古戦場で、平家物語以降内外に知れ渡っている。屋島寺、談古嶺《だんこれい》、獅子の霊岩の展望台、山上には珍しい水族館など、古めかしいものが多い。山上全体が瀬戸内海の素晴らしい大展望台であり、全体を再構築する動きを象徴する「やしまーる」のフラットで緩やかな曲線からなる建物は、二〇二二年の「瀬戸内国際芸術祭」参加作品でもある。

さらに大きい展開の可能性が、北の庵治、牟礼《むれ》地域の多くの施設である。世界で最も美しい墓石とされる庵治石に魅せられたイサム・ノグチが住居とアトリエをここに構えて、多くの作品をその庭園美術館に残している。同じく世界トップレベルで、我が国を代表する彫刻家の流政之が自ら手をかけたレンガ造りの遺構に、彼の代表作「防人」の他、海にゆかりの多くの作品が展示されている。二人のアーティストが後半生を傾けた、貴重な財産である。入場料の高いのが難点である。私の郷里・観音寺市の一の宮海岸の公園には、イサム・ノグチの作品が子供たちの遊具として無造作に並べられている。夕景の美しさと相まって、有名になっている。

両美術館の周辺には、石に関連する施設もあり、助成金など検討いただいて、冒頭の『セカチュウ』との組み合わせで、多くの人を導入したいものである。

源平合戦で、阿波勝浦に上陸した源義経の軍勢はわずか五〇騎だったともいわれている。夜通しの強行軍と到着後の民家焼き討ちの奇襲作戦が功を奏したことになるが、ルートを辿り、戦の厳しさを体験するのも興味あるものだ。引《ひけ》田《た》城《じょう》も整備されたようであり、東讃側との連携もできる。

そして、最後に高松市の真ん中に帰ろう。特記したいのは「高松中央商店街」のガレリアの誕生である。八つの商店街のアーケードの長さが二・七キロと、日本最長を誇っていたが、旅の者には面白さよりは、どこに行けば何があるのか、分かりにくく、つかみどころを欠く印象があった。今回の「中央・ガレリア」（写真参照）でようやく締まりができ、店舗の構成も強化され、ピアノコンクールなどの催し物が開催されるなど、美術館などの箱物と合わせて今後の展開が楽しみである。

高松は、まだまだ伸びしろの多いところ。人良し、食良し、はもちろんですよ。

直島の地中美術館とアート散歩

香川県

千崎滋子

クロード・モネの『睡蓮』に魅せられたのは、三〇年前のニューヨークに遡る。初めての海外一人旅。地図を見ているのがばれないように気をつけながらの、ニューヨーク街歩きである。お目当ては美術館巡りだ。ニューヨーク近代美術館（ＭｏＭＡ）では、モネの『睡蓮』に出会った。ここでは一室すべてがモネの『睡蓮』の展示で、息を飲むほどの荘厳さだ。一人旅の不安が消えていくのが感じられる。数々の代表作を持つ印象派の巨匠モネであるが、パリ郊外ジヴェルニーの自宅に睡蓮の池とそれを囲む庭を造り、五〇代中頃から八六歳で生涯を終えるまで、睡蓮とこの庭をテーマにして描き続けた。パリのオランジェリー美術館では、二つの楕円形の展示室で、モネの作品をパノラマ状に楽しむことができるのだが、残念ながらパリを訪問した際には、時間がなくて行けなかった。

そのような気持ちを持て余していた夏のある日、直島《なおしま》の地中美術館では、モネの五枚の睡蓮の絵を自然光の中で楽しむことができると知った。幸いなことに直島を代表する現代アートの美術館が併設されたホテルに、一週間後に一室だけ空き室があるのを発見する。東京から直島に到着するまでの時間を考えて、岡山前泊を選択して、夕方東京を出発して、駅前のホテルに一泊し、翌日の午前中は岡山観光、午後直島に出発する二泊三日の行程だ。

岡山では早起きして、早朝七時三〇分に開園する後楽園を訪れる。後楽園は水戸の偕楽園、金沢の兼六園とともに日本三名園として有名だ。完成は江戸時代初期で、歩きながら景色の移り変わりを楽しむことができる回遊式庭園である。朝露に濡れた、人影もまばらな庭園を自由に歩くと、まるで築庭された時代にタイムスリップしたかのような錯覚にも陥る。後楽園の周辺には多くの美術館が点在して、時間があればゆっくり見学したかったのだが、エキゾチックな名前に惹かれたこともあり、オリエント美術館を選んだ。この美術館は、西は北アフリカから東はアフガニスタンまでの収蔵物が、自然光が差し込む美術館で工夫を凝らして展示されており、その素晴らしさに圧倒された。また、オリエント美術館近くのＲＳＫ山陽放送の玄関前では、意外なものを発見した。岡本太郎の『躍進』と名付けられたカラフルなレリーフである。高さは約四メートル、幅約八メートルというボリューム感だ。昭和四七（一九七二）年の山陽新幹線開業を記念して、岡本氏が制作した。現代アートの巨匠のタイトル通りの躍動感のある作品に心が躍る。岡山駅から徒歩圏内に行ける場所にこんなに素晴らしいものがある。岡山もアートの町であると実感する。

　直島は岡山と香川の間に位置する瀬戸内海の小さな島で、香川県に属している。岡山からＪＲ宇野線で六〇分の宇野駅近くの宇野港から直島の宮浦港までフェリーで二〇分。到着した日は、ホテルに併設された現代アートの美術館を楽しんで、翌朝、今回の旅のメインの地中美術館を訪問する。地中美術館

直島の花火（撮影：筆者）

は安藤忠雄の設計で二〇〇四年に設立された。瀬戸内海の美しい景観を考慮して、建物が地中に埋没している。館内にはモネの『睡蓮』の他にも、ジェームズ・タレル、ウォルター・デ・マリアの作品が展示されていて、こちらも素晴らしい。『睡蓮』の展示室はモネの絵を展示するために設計されている。足を踏み入れると、はるか昔にＭｏＭＡで感じたのと同じ感覚が心の奥で動き出す。『睡蓮』の絵は光に照らされて、実際のモネの庭にいるような感覚になる。本当にここに来て良かった。忘れ物を一つ見つけることができた気持ちが心をよぎる。この場所、この建物、この絵、すべてが融合して、大きなやすらぎを感じる。

地中美術館訪問後は直島の街歩きを楽しんだ。直島ではさまざまな場所で現代アートに遭遇する。屋外展示の草間彌生作品の『かぼちゃ』はその中でも有名で、直島のシンボル的存在だ。フェリーで岡山から到着する宮之浦港で真っ先に目に入る。草間彌生の『かぼちゃ』は、以前京都の美術館の中という室内で多くの作品を見たことがあり、圧倒された記憶がある。これに対して、瀬戸内海と対峙しているたった一個の赤かぼちゃは、何かを主張しているようで、こちらも存在感のあるものだ。

その他、空き家を改修して作品として公開する家プロジェクトなど、ここでは紹介しきれない魅力がつまった直島である。また、宿泊した日は、たまたま、コロナで中断していた花火大会が三年ぶりに再開された日であった。高台にあるホテルの部屋から海上打上花火を堪能しながら、幼い頃、実家のバルコニーから見た八月の花火を思い出した。故郷の花火の日は、私の誕生日の前の日であり、花火、誕生パーティーと楽しいことばかりが続く季節だったのだ。花火はもう会えない両親の記憶と結びついている。直島の花火も、旅の記憶と結びつく大切な思い出になると予感した。

航空発祥の地を巡って〜香川、東京、埼玉、千葉

山之内憲夫

香川県〜

航空発祥の地を巡る旅は、四国の琴平《ことひら》から始まる。

海上交通の守り神として有名な金刀比羅宮のある香川県琴平は、また、「世界初飛行原理着想の地」でもある。土讃線琴平駅から、タクシーで一五分、国道三二号線の道の駅「空の夢・もみの木パーク」の隣にある「二宮忠八《にのみやちゅうはち》飛行館」を訪れた。二宮忠八氏は、ライト兄弟が人類初の飛行に成功する一〇年も前に、人が搭乗できる飛行機の構想を発表していた我が国の航空先駆者である。

二宮忠八氏は、四国八幡浜の生まれで、少年期に物理や化学の学問に没頭し、特に、大空に舞う凧に異常ともいえる興味をもち、彼独特の考案になる凧は、人々を驚嘆させる奇抜なものであったといわれている。一八八九年一〇月、丸亀歩兵連隊付看護手として参加した四国山岳地帯での野外演習の昼食時に、残飯を狙って空中から滑空してくるカラスの動きを見て、翼に生じる揚力などの飛行の原理を解明し、それをもとに、空を飛ぶ機械（彼は、飛行器と名付けた）を作ることを決めた。古い聴診器のゴムを使い、凧作りの技術を駆使して作ったゴム動力の「カラス型飛行器」は、一八九一年四月に丸亀練兵場で、三〇メートルの飛行に成功した。この成功を受けて、さらに大型の空飛ぶ機械の設計に着手、一八九三年には、人が乗れるサイズの「玉虫型飛行器」の構想を発表した。この「飛行器」は、空力的にも、構造的にも人を乗せて飛行するのに十分なものであったが、課題は、必要な動

力源であった。当時の日本には適当なエンジンがなく、これを開発するのには莫大な費用が必要であった。二宮氏は、再三再四、陸軍に資金的な援助を要請したが、陸軍は、空を飛ぶなどとは大きな妄想にすぎないと相手にせず、エンジンが入手できないまま、一〇年の月日が経った。一九〇三年一二月のライト兄弟初飛行成功のニュースを聞いた二宮氏は、失意のうちに製作中の飛行器のすべてを破壊し、再び、飛行を試みることはなかったという。人類初飛行の機会を失った悔しさは想像に難くない。彼は、その後、京都に「二宮神社」を建立し、自らが神官となって航空安全を祈り続けた。道の駅「もみの木パーク」には、「二宮忠八飛行館」と「二宮神社四国分社」が隣接しており、二宮忠八氏の偉業をたたえて訪れる人が多い。

YS-11　1号機（撮影：筆者）

琴平から、本四連絡橋を渡り、岡山で新幹線に乗り換え、東京に向かう。次の「発祥の地」は、日本で最初に飛行機が飛んだ東京・代々木公園だ。

一九一〇年一二月一九日、この代々木公園（当時は、代々木練兵場）で、徳川大尉がフランス製のアンリ・フォルマン機で、日野大尉がドイツ製ハンス・グラーデ機で、日本初の飛行機の飛行を披露した。公園南西の隅、こんもりとした木立の中に、「日本航空発始之地」の碑とともに、両大尉の記念碑が建っており、空飛ぶ機械を初めて眼にした人々の驚嘆と称賛を伝えている。

代々木公園から、山手線、西武新宿線を乗り継いで、埼玉県の所沢に向かい、我が国初の飛行場を記念する「所沢航空発祥記念館」を訪れる。所沢は、日本で最初の飛行場が造られたところである。所沢飛行場は、飛行機研究の拠点として建設され、一九一一年四月五日、徳川大尉が操縦するアンリ・フォルマン機の飛行により正式に飛行場としての運用を開始した。五月には、奈良原式二号機が国産飛行機の初飛行に成功するなど、太平洋戦争終了まで、陸軍航空の研究・訓練の中枢として大きな役割を担ってきた。

航空発祥の地の最後は、千葉県成田市にある、「成田航空科学博物館」だ。

ここには、ＹＳ‐11の試作一号機が展示されている。ＹＳ‐11は、軍用航空機産業大国として世界に君臨したが、太平洋戦争敗戦後の七年間、一切の産業活動を禁止された日本の航空機産業が、民間機による世界市場への進出を期して、一九五七年から開発を始めた我が国初の国産民間旅客機である。国内、米国をはじめとする海外の多くのエアラインで運航され、現在では第一線から引退しているが、その一号機は、我が国民間航空機産業の発祥点であると同時に、筆者にとっては、航空技術者、さらに、試験飛行パイロットとしての原点でもある。

ＹＳ‐11を契機に、日本の航空機工業は、民間機事業の大躍進を遂げ、二〇〇八年には、国産初のジェット旅客機スペースジェットの開発も開始された。しかし、二〇二三年二月、その開発断念が発表されたことにより、我が国での民間旅客機開発の灯が途絶えそうになっている。

民間機開発の灯が再び輝くことを祈念して、一都三県にまたがったこの旅を終わりにしたい。

四国中央市の偉人たちを訪ねて

愛媛県

真木郁夫

愛媛県四国中央市は、瀬戸内海に面し高松から約七〇キロ、松山から約九〇キロにあり、香川県、徳島県、高知県、四国全県に隣接する町である。二〇〇四年、川之江市、伊予三島市、土居町、新宮村が合併し、四国中央市となった。四国中央市は数々の学者、偉人たちを輩出した町でもある。

旧川之江市出身の尾藤二洲《びとうじしゅう》（一七四七〜一八一三）は、朱子学の著名な学者である。少年の頃、川之江の儒学者、医者である宇田川楊軒に師事し、学問の道へ進んだ。のちに江戸の昌平黌《しょうへいこう》（幕府の学問所）の教官として招聘され、「寛政の三博士」と称された。思いやりのこころ「仁」を大切にした学者である。

川之江駅から予讃線松山方面の普通電車に乗り、約二〇分で「伊予土居駅《いよどい》」に着く。北には青い瀬戸内海が見え、南には約一五〇〇メートルを超える赤星山《あかぼしやま》、二ツ岳、東赤石山《ひがしあかいしやま》の土居三山が望める。土居町出身の尾埼星山《おざきせいざん》（一八二六〜一九〇三）は勤王の教育者と知られている。土居町北野の庄屋、真木直標の三男として生まれた。星山の祖父は真木家から尾埼家に養子に入った。そのような経緯でのちに、星山は尾埼姓を継いだ。

若くして学問の道を志し、江戸に出て昌平黌の佐藤一斎に教えを受けた。やがて、尊王攘夷を唱え、勤王の公家との交際を始めた。幕府が尊王攘夷派の公家の弾圧を始め、七人の公家は長州に逃げ落ちた（いわゆる「七卿都落ち」）。そのうちの一人、澤宣嘉《さわのぶよし》（のちの初代外務卿）を自宅にかくまい、しばらくして無事に長州へ逃がした。

星山は、のちに天皇侍従の話を断り、故郷に帰り、教育者としての道を歩み、自宅の敷地内に私塾「松菊舎」を開いた。数多くの教え子がここから育った。

土居町には、星山の墓、ゆかりの神社があり、遺品、書などが「暁雨館《ぎょううかん》」（後述）に残されている。

尾埼星山の教え子として、忘れられない人物がいる。土居町出身の県会議員、安藤正楽《あんどうせいがく》、（一八六六〜一九五三）である。正楽は、人権問題に関心が深く、教育現場でのいろいろな差別解消に取り組んだ。特筆すべきこととして、「日露戦役紀念碑」がある。一九〇七年三月に建てた碑であるが、この紀念碑には、正楽の碑文が刻んである。要約すると次の通りとなる。

日露戦役紀念碑（顔の無い紀念碑）
（撮影：筆者）

「〜もともと戦争のあやまりは世界の常識であるのに、戦争は明日にもまた始まるのである　どうすればよいか　他でもない　世界人類のために『忠君　愛国』の考え方をやめてしまうのがよいだろうとおもう。〜」

当時、国の方針として許される内容でなく、この碑文は削り取られた。この碑は現在、土居町の八坂神社に「顔の無い紀念碑」として残されている（写真参照）。明治の昔に、戦争の本質をつき、堂々と紀念碑で主張した正楽の勇気と賢察に衝撃を受け、しばらく紀念碑の前で佇んでいた。

「伊予土居駅」から車で約三分で、この地の郷土資料館として「暁雨館」がある。江戸時代から、この土地、入野の庄屋をしていた山中時風《やまなかじふう》（一七三八〜一七九六）が住居に名付けた名前である。

この「暁雨館」には、この土地出身の二洲、星山、正楽その他偉人たちの資料が残されている。

山中時風は、俳人としても著名で、各地から俳人、文化人がこの地を訪れている。一七九五年には、小林一茶が時風を訪ね、次の句を残し、「暁雨館」の近くに句碑が残されている。

「梅《うめ》が《が》ゝ《か》を《を》者《は》る《る》〳〵《ばる》尋《たず》年《ね》入《いり》野《の》哉《かな》」

意味は、「梅の香りをはるばる尋ねて入野まできた」であるが、「梅の香り」はこの地方の「俳諧の文化の香り」とも読める。

「暁雨館」は現在でも、当地の俳句の中心地として活動し、毎年市内の小学生、中学生、高校生対象の俳句大会を開催している。約四五〇〇人から九〇〇〇句の俳句が集まるという。

今回、四国中央市の偉人たちの功績に触れ、その偉大さに感慨を新たにした。

一茶がはるばるこの地「暁雨館」を訪れていたことも、驚きである。

特に、碑文が削られた「顔の無い紀念碑」は、印象深い。

現在も、世界各地で戦争はやむことがないが、戦争を起こさないために「忠君愛国」の考えを捨てるという正楽の主張が大切であると痛感した。

我が街、小倉の散歩道

段谷陽一郎

福岡県

　筆者が生まれ育ったのは、小倉市大正町一丁目である。現在の福岡県北九州市小倉北区になる。小倉城の外堀として利用されていた河幅のあった紫川《むらさきがわ》の一部が大正時代に埋め立てられ、博覧会が開催されたことから、大正町となったとの記述が残っている。

　久しぶりで小倉駅に降りた。ＪＲ小倉駅小倉城口から南に伸びる平和通りを歩くと右手に、京町通りの入り口看板が見えてくる。その入り口から京町商店街が続く。商店街に入り二つ目の角を左手に曲がり、真っすぐ南にしばらく行き、魚町銀天街《うおまちぎんてんがい》を抜ければ、一〇分ほどで昔懐かしい旦過市場《たんがいちば》に行けるが、今は西にぶらぶらと真っすぐ京町商店街を歩いて行くことにする。

　しばらく歩くと京町商店街西の出口に行き着く。そこには、路面に参勤交代往還路と書かれた立派なプレートが埋め込まれている。江戸時代、小倉城を出てここが江戸に向かう参勤交代のスタート地点であり、江戸から還ってきた場所を意味している。当時は小倉から船に乗り、大阪まで行ってから、歩いて江戸に向かったとの記述もある。いずれにせよ小倉が九州各地への出発地点でもあったので、多くの武士や支えの人々が通り過ぎていたのだろうなどと考えながら、先に進むと紫川に架かる木造の常盤橋《ときわばし》に当たる。城内の入り口でもあった常盤橋を渡ると西勢溜《にしせだまり》、橋詰となる。このせだまりが長崎まで続く長崎街道の始まりとなっていたことから、江戸時代は賑やかな街並みがあり、その延長で後世も橋詰の周りは賑やかであったことが想像できる。今では小倉県庁跡、小倉警察署跡などの表示があるだけだが、すぐ近くの現在の西小倉駅付近には、昔は小倉駅があり、小倉の玄関口はこちらであった。

橋詰から紫川沿いを南に歩いて行く。旧電車路を渡るとゼンリンミュージアムがあるリバーウォーク北九州となる。

ミュージアム内の古地図を見ていると、小倉は城下町であったことから、一六〇〇年代の日本地図にＣＯＣＵＲＡと書いてある。これはポルトガル語だそうで、一七〇〇年代の地図にはＫＯＫＵＲＡになっている。説明員がおられて、きちんと教えていただける。

ビルの外に出て、次は、小倉城虎ノ門口から、城内に入ってみる。長い白壁が現れ、小笠原氏の小倉城庭園が見えてくる。

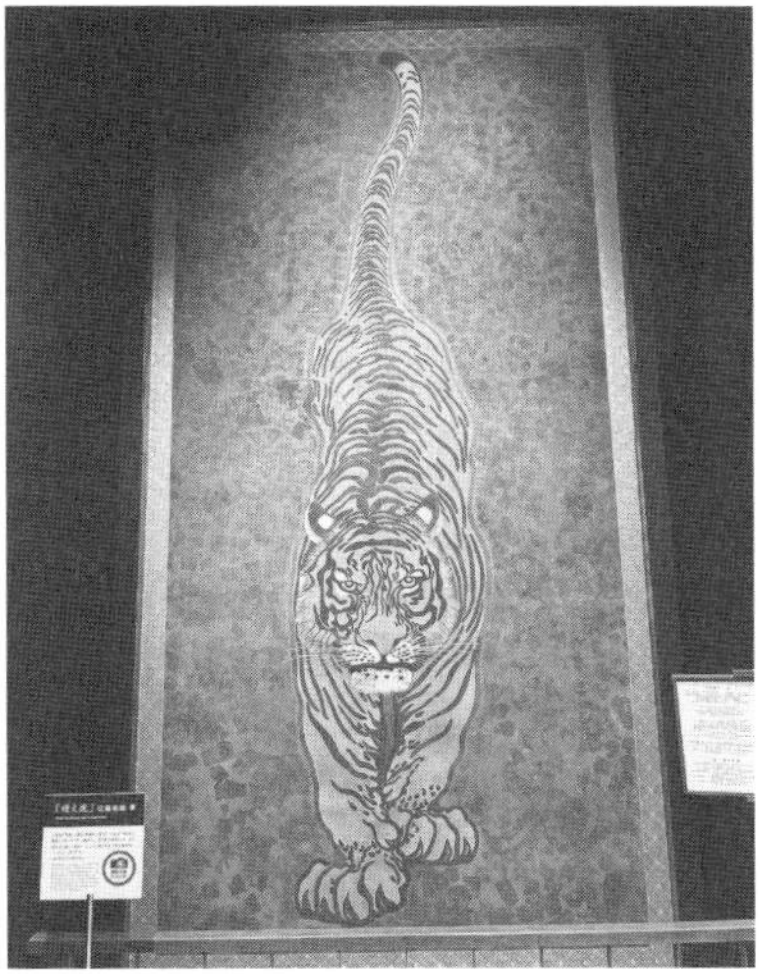
迎えの虎（撮影：筆者）

庭園のみの入園料は三五〇円だが、小倉城庭園と小倉城三五〇円、松本清張記念館六〇〇円、三施設共通券を購入すると七〇〇円で三施設に入場可能で、とてもお得だ。庭園は小笠原氏の下屋敷跡を復元したもので、思いやりの心ともてなしの心が学べる。

広間では、掛け軸に書かれた「和敬」の大きな文字が目に飛び込んでくる。学生時代のとても懐かしい二文字である。庭園を出て正面に、小倉祇園祭発祥地で有名な八坂神社の表参道があり、大きな石鳥居を過ぎ、「豊前総鎮守」と書かれた門をくぐると境内に至る。

八坂神社でお参りを済ませ、社務所の横の近道を通って、多聞口門から小倉城天守閣へ向かう。城内に入り、天守閣で最初は小倉城の歴史を学ぶ。関ヶ原の戦いで功績のあった細川忠興《ほそかわただおき》が入国し、七年の歳月をかけ築城したそうだ。「小倉城ものがたり」のビデオが、小倉城の歴史を詳しく説明してくれる。天守閣は唐づくりといわれ、五階が四階よりも広く大きいのが特徴だそうだ。天守閣には、たくさんのお楽しみがあるが、私にとっての一番の見どころは、小倉城が焼失した寅年の慶応二（一八六六）年にちなんで描かれた迎え虎と送り虎の一対の虎の絵だ。

とても素晴らしい虎である。お帰りの時はぜひ、送り虎のマナコをもう一度よくよく覗きこんでください。素晴らしいお土産がいただけると思う。

お城を出て、松本清張記念館を横に見ながら、中央図書館の裏手に廻ると、野っ原の真ん中辺りに、長崎の鐘と原爆記念碑がある。

広島の次の原爆投下予定地は小倉だった。当日、小倉は雲がかかって投下目標地点を定められず、長崎に向かったといわれている。もしも小倉に投下されていたら、目標であっただろうこの地、陸軍造兵廠は我が家の川向こうにあったから、筆者は生まれていなかったかもしれない。

勝山公園を抜けて、中の橋、別名太陽の橋を渡り、左手に、先ほど城から見下ろしたマンションに行き着いた。ここが生まれた場所、大正町一丁目であった場所だ。今は、馬借《ばしゃく》一丁目に町名が変更されている。ここで、我が街、小倉の散歩は終わりとなる。

佐賀は二千年の歴史あるお菓子発祥の地

佐賀県

東條是樹

筆者ならびに、妻（佐賀出身）、義弟（佐賀出身）は令和五年四月、三人でレンタカーを借り、佐賀の菓子巡り旅をしてきた。以下はその折の旅記録である。

ＪＲ佐賀駅から白山《しらやま》通りを南下し、佐賀城方面に向かう。一五分ほどで、旧長崎街道に出る。北島本店はこの交差点に位置している。一五世紀中頃のこと、ポルトガルの港から、貿易船が出帆しようとしていた。船乗りの母親たちは、これが生涯の別れになるかもしれない万感の思いを込めて、保存のきく焼き菓子（Bolo）を、持たせたといわれている。

取材をお願いしていた北島の常務取締役香月務様は、このように話を切り出された。「販売品ではありません」として出された再現焼き菓子を、触ってみたが、とても硬く、現代の菓子とは程遠いものであった。実はこれが、丸芳露のルーツである。

北島は、元禄九（一六九六）年、数珠屋として創業、一二代続く老舗である。その後、雑貨や着物なども扱い、鍋島藩との取引も行うようになった。

やがて明治、廃藩置県とともに、北島は危機に瀕する。八代目八郎とその子、安次郎は、南蛮菓子を伝えてきた由緒ある横尾家で、ポルトガルのぼうろの製法を学び、現本店で販売を始めた。

好評を博していたが、「うまかばってん、あんたいごと、かたかってん」という声が聞かれた。そこで、子供たちを喜ばす菓子を作ろうと思い立ち、卵をふんだんに使うことを考えた。これが、現在の丸芳露の原型である。悪戦苦闘の末、外側を少し焦がし、全体は柔らかく、ほの甘く仕上げられている現在の丸芳露ができた。子供たちから高齢者にいたるまで、口に優しいお菓子である。

花ぼうろは、雲仙の霧氷から取ったネーミングで、先代の孝社長の代の昭和四三（一九六八）年に販売を開始。最初は、バター探しに苦労した。また、丸芳露と違って、じわっと熱を加えているため、オーブンは別物で、何度も作り変えて現在に至っている。開発には、約八年を要した。筆者の印象では、最近の若い女性は丸芳露もさることながら、花ぼうろを好む方が多いように思われる。

北島本店（提供：株式会社北島）

その日の午後、私たちは小城《おぎ》羊羹で著名な小城へ向かった。小城は、佐賀市の西隣に接した町で、小京都といわれる。私たちは、村岡総本舗に車をつけた。道路の対面には祇園川が流れ、その向こうには須賀神社の高い階段が目に飛び込んでくる。歴史資料館が併設されており、羊羹の歴史、村岡総本舗の歴史、製造道具類などが展示されている。

羊羹は古く中国の羊料理である。渡来後、肉食を禁じられた僧侶のため、寒天や砂糖が使われ、次第に現代のようになっていった。

すなわち羊羹のルーツは、中国である。

羊羹には、原料を直接封入する「流し込み羊羹」と羊羹船に一昼夜寝かせて、程よい大きさに切ってから封入する「切り羊羹」がある。前者は、全体が柔らかく、表面も固くない。後者は、表面が固まって、砂糖が浮き出てくる。この硬さが甘さと合わさって絶妙の食感が得られる。私たちも、資料館を見学した折、このタイプを試食させていただいた。普段では味わえない優れものであった。

翌日私たちは、お菓子の神社として著名な伊万里神社に向かった。

垂仁天皇すなわち、一世紀頃、卑弥呼以前のことである。田道間守《たじまもり》は天皇の命を受けて、非時香菓《ときじくのかぐのこのみ》（橘のこと）を探す旅に出た。海のかなたの常世国（中国江南地方）から橘を持ち帰り、現伊万里神社の岩栗山に植えた。橘は柑橘類の果物、貴重な甘味であった。菓子とは元来果物のことであった。こうして、田道間守はミカンの神、お菓子の神になり、伊万里神社境内の中嶋神社に祭られた。二千年の時を経た伝説であることを考えれば、佐賀はお菓子発祥の地といってもよい。この長い歴史を経た佐賀の伝承心が、著名な菓子メーカー輩出につながった。伊万里出身の森永太一郎氏、現佐賀市蓮池出身の江崎利一氏は、森永製菓、グリコの創業者である。中嶋神社の脇、岩栗山を少し登ると、広場に出る。堂々とした森永太一郎氏のブロンズ像が設置されている。

佐賀弁は優しい。人もまた、それに合わせて優しい。佐賀は歴史の地でもある。出稿時、吉野ケ里では、弥生時代後期の石棺墓が発見され、調査が始まった。邪馬台国発見ともなれば、なんとも素晴らしいことではないか。

国境の島、対馬の歴史と現在

遠藤恭一

長崎県

九月下旬、まだ少し夏の香りが残る対馬に降り立った。早朝に羽田を飛び立ち、長崎空港へ。そこで双発プロペラ機のボンバルディア機に乗り換えて三五分、通称「対馬やまねこ」空港に到着。長崎空港を飛び立つとすぐに、眼下には玄界灘に点在する島影が見え、壱岐の上空を過ぎると大海原で島影は見えない。対馬に行こうと思い立ったのは、友人に対馬の話を聞いたことと昔日経に連載されていた『韃靼の馬』(辻原登著)の印象が強かったからでもある。この小説は江戸期を通して対馬宗家が幕府と朝鮮との政治・経済交流に苦労する話である。その話に魅了され、訪れたいと考えて思い立った旅である。

現在、対馬は人口約二万六千人。外国である対岸の韓国第二の都市釜山は人口三四〇万人。その都市を見るため、空港からレンタカーで北の突端に当たる鰐浦《わにうら》を目指す。距離にして約六〇キロ。途中道端に車を止めて、長崎空港で購入した弁当を食べる。景色の良いところで車を止めたかったが、山また山で、広く開けた場所がない。車はまあまあの間隔で通るが、歩いている人影はない。結局山間の道端で昼食、それ以外車を止めず、そのまま鰐浦に到着した。鰐浦には韓国展望所がある。対馬訪問の目的の一つが国境から他国を見ること。たまたま晴天の日で、肉眼で韓国の山並みが見え、釜山の輪郭が見えた。釜山までの直線距離は四九・五キロ、一方対馬から九州本土までは直線距離一二四キロで、いかに朝鮮半島が近いかが分かる。

展望所に着いたが売店があるわけでもない。見物客は私一人であったが、後から韓国人数十人が現れて携帯で話をしている。この場所は韓国の携帯電波が拾えるようだ。展望所脇には一七〇三年、朝鮮の訳官使船が嵐で、鰐浦湾にあと一歩のところで遭難し、全員が溺死したと石碑に刻まれていた。江戸期だけを見ても二六〇年間に一二回も朝鮮から交流使節団が江戸を訪れており、我が国が対馬を通じて朝鮮に開いていた窓は決して小さくはなかった。夜、展望所を旅館のバスで宿泊客と一緒に再訪。双眼鏡で見ると釜山の中心街の摩天楼や洛東江に架かる大型の橋を彩るネオンがはっきりと見える。全体に暗い夜空の中でくっきりと釜山の上空だけが明るくなっているのが分かる。我が国で他国が見えるのは、ここと北海道宗谷岬からのサハリンだけである。

上対馬鰐浦の韓国展望所（撮影：筆者）

鰐浦に一泊した後、今度は東側の海岸線を走って七〇キロ先の厳原《いづはら》に向かう。途中の風景は海沿いにまばらな集落が点在するが、相変わらず人影は少ない。厳原訪問の目的は長崎県立歴史民俗資料館である（現在は閉館。資料は対馬歴史研究センター、対馬博物館内にある）。厳原は対馬藩宗家の本拠地であり、対馬府中と呼ばれた城下町である。街中の商店看板はハングル文字が多く、国境の街であり韓国人の観光客で成り立っているのだろう。街中の武家屋敷、宗家菩提寺万松院《ばんしょういん》などを見て回るが、特に古い町並みは本土と変わらない。かつて武家屋敷の石垣塀が街中に相当あったようだが壊されて、すでに殆どない。資料館では対馬藩の宗家文書が八万点保管されていた。対馬は唯一外国に藩の出先機関を設けており、朝鮮との交易のため、江戸期を通して国替えはなかった。対馬藩が設けていた釜山の倭館の地図や模型が展示されていた。釜山の倭館には江戸期を通じて常時五〇〇人の対馬藩士が情報収集・貿易交渉のため駐在していた。敷地は一〇万坪もあったとされ、いかに他の藩と違った形態になっていたかがその規模を考えるだけでも分かる。対馬は山が八九パーセントを占め、稲作には向いていない。対馬府中藩の領地は対馬と肥後の一部を直轄領としていた。肥後の一万石と合わせても収穫石高は二万石程度といわれていたが、幕府での待遇は、朝鮮貿易の関係から一〇万石の大名と同等であったという。

厳原の街中を歩く韓国からの観光客は、こうした両国の歴史を詳しく知っているか不明だが、街中の大型店で北海道から九州までの各地名産物を大量買いしているのを目にした。大勢が横断歩道を切れ目なくゆっくり歩き、警察官に早く歩きなさいと促されてもいた。これぞ国境の街なのだろう。

江戸期、対馬と朝鮮の間での交易物は朝鮮人参、次に生糸、木綿（中国から朝鮮経由で輸入）。朝鮮人参は江戸期を通じて医学・医療に大きく貢献、生糸は京都・西陣の需要を満たし、木綿は船の帆、庶民の衣料や布団、地曳網などへ使用された。しかし、我が国からそれに見合う輸出品は存在せず、当時の石見銀山で生産された銀が朝鮮への大量流出につながった。対馬藩はこうした貿易の独占体制を維持し、江戸期における朝鮮への外交、通商を握っていた。現地で聞いた話では、江戸時代、対馬藩は朝鮮からコメを買い付けていたとの話。対馬の長い歴史は朝鮮との交流史そのものと認識した。

信仰の息づく島・五島列島の教会巡り

長崎県

織田文雄

　五島列島は長崎県の西部に位置し、大小一五二の島々からなっており、豊かな自然景観で、ほぼ全域が西海国立公園に指定されている。ＮＨＫ朝の連続テレビ小説「舞い上がれ」の舞台で、その風景はまだ記憶に新しいところである。地政学的に大陸との交流が古くからあり、遣唐使、倭寇などに関する歴史的文化遺産を多く残している。行政的には五島最大の福江島《ふくえじま》を中心とする地域を「下五島《しもごとう》」、その次に大きな島である中通島《なかどおりじま》を中心とする北東部を「上五島《かみごとう》」と呼ぶ。人口は約五万人であり、五島列島出身の有名人としては横綱佐田の山、女優の川口春奈などが挙げられる。

　平成三〇年に「長崎の教会群とキリスト教関連施設」として五島列島の教会は世界遺産に登録された。福江島にキリスト教が伝わったのは永禄九（一五六六）年、一八代藩主宇久純定《うくすみさだ》の頃であり、最盛期には二千人ほどの信者がいた。しかし、秀吉の時代にキリスト教は禁止され、慶長一九（一六一四）年の徳川幕府の禁教令により、信仰の火は途絶えたとされた。しかし江戸時代後期、九州本土大村藩から五島列島開拓の名を借りて多くの潜伏キリシタンが移住してきた。その数は三千人に達したといわれている。貝殻や菩薩を聖母マリアに見立てたり、海上の洞窟に身を隠したりし、信仰を続けた。五島藩も開拓に重きを置き、黙認の姿勢を取った。

　明治に入り、多くの潜伏キリシタンが信仰を表明したが、明治政府はキリスト教禁止政策を引き継いだため、悲惨な宗教弾圧を引き起こした。明治六（一八七三）年に禁教の高札が取り除かれると、信仰の自由を得た喜びの証しとしてカトリック教会が各地に次々と建設された。

数ある教会の中で訪問した六カ所の教会を紹介する。

「旧五輪《きゅうごりん》教会堂」　現在の建物は明治一四（一八八一）年に建立されたものを昭和六（一九三一）年に現在の土地に移築されたもので、平成一一年に国の重要文化財に指定された。外観は普通の和風建築だが、内部はゴシック風祭壇などがあり、本格的な教会建築となっている。

中の浦教会（撮影：筆者）

「江上天主堂《えがみてんしゅどう》」　明治三九（一九〇六）年建立。現建物は大正七（一九一八）年建立。平成二〇年、国の重要文化財に指定された。白壁とブルーの窓がしゃれた雰囲気を醸し出す、我が国でも完成度の高い木造建築として評価されている。現在の建物は教会建築の名工、鉄川与助の設計施工によるものである。鉄川与助は後述する「青砂ヶ浦天主堂《あおさうらてんしゅどう》」「水ノ浦教会」も手掛けており、構造と意匠が一体となった教会建設は日本近代建築に多くの功績を残した。

「青砂ヶ浦天主堂」　現教会は明治四三（一九一〇）年に前述の鉄川与助の設計施工により建立。平成一三年に国の重要文化財に指定された。教会の中の見学は許されなかったが、信徒たちが総出で積み上げたとされるレンガ造りの外観は素晴らしいものがある。『男はつらいよ』のロケが行われたことでも有名になった。

「中の浦《なかうら》教会」大正一四（一九二五）年建立。やはり鉄川与助の設計施工によるものである。木造建築にしては珍しい高い鐘楼があり、花の装飾や水辺に教会が映る風景は心がなごみ、別名「水辺の教会」とも呼ばれている。

「水ノ浦《みずうら》教会」明治一三（一八八〇）年建立。建立以来潮風が吹きつけ、老朽化が目立ち、現建物は昭和一三（一九三八）年に鉄川与助の設計施工によって建て替えられた。木造教会としては大規模なもので、白亜で優美な天主堂が印象的である。江戸時代後期に大村藩から移住した隠れキリシタンが、明治に入り水ノ浦の牢獄に留め置かれたが、禁教の高札撤去から七年後に水ノ浦湾の丘に信者たちによって自由の証しとして建立された。

「井持浦《いもちうら》教会」明治三〇（一八九七）年建立。昭和六二（一九八七）年、台風で倒壊。昭和六三（一九八八）年、現建物建立。この教会は「ルルドの泉」を造ったことで有名である。ルルドとは聖母マリアが一八回出現したとされる南フランスにあるルルドという町にある泉のことで、これを模した泉がこの教会に造られたことから現在でも全国から巡礼者が途絶えない。

現在、五島列島には五〇余りの教会があり、信仰深い地元のカトリック教徒が礼拝に訪れている。カトリック教徒は人口の約二割であり、全国平均の一パーセントを大きく上回り、信仰が今でも深く根付いていることを示している。教会を巡る巡礼の旅を終え、信仰を貫く民の強さと政治と宗教の関係を考えさせられた。当時の状況を描いた遠藤周作の『沈黙』を読み直し、その思いはさらに強まった。

球磨川に沿った風情豊かな小都市・人吉

熊本県

横井時久

人吉《ひとよし》市は熊本県南部の球磨盆地にあり、球磨川《くまがわ》の中流に位置している。小京都や隠れ里とも呼ばれる。ここは鎌倉時代から明治維新までの約七〇〇年間、相良《さがら》氏が治めた全国でも珍しい地域である。初代地頭の相良長頼《ながより》は鎌倉幕府の源頼朝の命を受け、建久九（一一九八）年、遠江国相良庄（静岡県牧之原市）からこの人吉にやってきた。室町時代に薩摩、日向に兵を向けて領地を拡大、それ以後は薩摩の島津藩、肥後の細川藩に挟まれながらも生き延び、戦国時代には豊臣につき、やがて徳川につくことでつつがなく領地を確保してきた。相良家の七〇〇年の治世の間に領内で小さな一揆はあったが、神社・仏閣を大事にし、地元産業の育成に努めたので、概して領民は平和に過ごせたと思われる。失われつつある古い文化遺産をこの地で見ることができるのは、そのためであろう。

球磨川沿いに並ぶ温泉旅館から、相良氏の居城であった人吉城の城跡公園を見ることができる。城の建物は残っていないが、球磨川が城を守るお堀の役目を果たしていたことが分かる。敷地内に相良神社がある。

相良氏は神社や寺院を大事にした。その典型が青井阿蘇《あおいあそ》神社である。阿蘇山に近い阿蘇市一の宮町の阿蘇神社が総本社である。阿蘇神社は全国に約五〇〇あり、熊本県の神社が九割を占める。人吉の阿蘇神社は地元民から「青井さん」と呼ばれて親しまれ、本殿、廊、幣殿、拝殿、楼門が国宝に登録されている。日光の東照宮もそうだが、神社全体が国宝に登録されている少ない例である。茅葺屋根もこの神社の特徴で、一〇年に一度葺き替えられている。

球磨川は、最上川・富士川と並ぶ日本三急流の一つである。球磨川くだりの歴史は一〇〇年以上といわれる。かつて与謝野鉄幹・晶子夫妻が人吉を訪れ、球磨川くだりを楽しみ、滞在中に一七首の歌を詠んだ。船着き場のことを発船場《はっせんば》と称している。急流をスリル満点でくだるだけでなく、城跡公園の近くで穏やかな水の流れを楽しむ屋形船のコースもある。冬には炬燵も用意される。

青井阿蘇神社（提供：人吉市役所）

人吉市の中心部から湯の前に向かって国道二一九号線を一〇分ほど走ったところに道の駅人吉／人吉クラフトパーク石野公園がある。工芸、陶芸、ガラス細工、革細工、包丁づくりを習うことができる。道の駅では地元の商品を買うことができる。

石野公園の近くに川上哲治《かわかみてつはる》記念球場がある。巨人軍を九連覇に導いた川上監督は、ここ人吉の出身である。熊本工業高校から巨人軍に入り、現役時代の活躍はもちろんのこと、監督としても素晴らしい実績を残し、人吉市の名誉市民となった。

風情ある石畳や白壁の商家など、城下町・人吉の面影が色濃く残るのが鍛冶屋町《かじやまち》通りで、相良藩の時代には多くの鍛冶屋があり、刃物や銃、農具などを造っていた。一軒だけ残っていた鍛冶屋も最近なくなった。通りに沿って味噌・醤油蔵や茶屋、カフェなどがある。人吉でもう一つ忘れてならないのは球磨焼酎である。原料に米のみ（国産米）を使用し、地元の水でもろみを仕込み、地元で蒸留・瓶詰めを行っているという。

小京都とはいえ、街にスーパーやコンビニがあるのはよそと変わらない。しかし古い伝統のある旅館には懐かしい日本文化の名残がある。人吉旅館と芳野旅館は国登録有形文化財に指定された。屋敷造りが大事に保たれているのが評価されたという。

さて、この人吉は二〇二〇年七月の豪雨による球磨川の氾濫で大きな被害を受けた。球磨川の水位が観測史上最高となる七・二五メートルに達し、市の中心部を含めて市全体の約三分の一の家屋が浸水被害を受けた。まだ復旧の途上で、早く平常に戻るのを祈りたい。

人吉は球磨盆地の中心であるが、山間部を見たいと思い、五木村《いつきむら》を訪ねた。人吉を出て北に向かい、しばらく進むと川辺川に沿って田んぼや集落が見えてくる。相良村である。さらに進むと山が深くなり、五木村の役場に着いた。立派な木造の庁舎である。そこで係の人に村の様子を聞いた。人口は約一〇〇〇人、主な産業は林業と農業とのこと。次に子守歌公園に向かい、茅葺き民家で正調の「五木の子守歌」を聴いた。なんとも悲哀のある歌である。よく歌われている「五木の子守歌」は一九五〇年に古関裕而《こせきゆうじ》が編曲したもので、これが全国に流行った。その昔、五木の村の暮らしは厳しく、娘たちは幼い頃から家のため人吉や八代方面に子守奉公に出された。「おどま盆ぎり盆ぎり、盆からさきゃおらんど、盆がはよくりゃ、はよもどる……」奉公のつらさや父、母、そしてふるさとを思う気持ちを口ずさみ、歌い継がれたものが「五木の子守歌」となった。正調の「五木の子守歌」を歌ってくれた淀川さんは五木の生まれとのこと。子守歌の伝承者の一人である。

大分県

『荒城の月』の岡城跡と原曲発見

得丸英司

豊後竹田駅（JR九州豊肥本線）のホームに降り立つと、少年少女合唱団の爽やかな歌声が迎えてくれる。その曲は、瀧廉《たきれん》太郎《たろう》（一八七九〜一九〇三）作曲の『荒城の月』（土井晩翠作詞）である。東京音楽学校（現東京藝術大学）に在籍していた廉太郎が、中学唱歌の公募に入選し採用された曲で、廉太郎二二歳、一九〇一年頃の作品である。西洋音楽の音階が「ドレミファソラシド（オクターブ）」であるのに対し、日本古来の音階は「四番目のファ」と「七番目のシ」がない「ヨナ（四七）抜き音階」が使われていた。『荒城の月』は、廉太郎が「ヨナ抜き音階」を用いずに作曲したことから、日本の作曲家が西洋音楽に挑戦した〝歴史的意義〟のある歌曲であるといえる。

地方官吏だった父親の転勤で、廉太郎は一二歳から一四歳までの多感な少年期を竹田で過ごしている。竹田では高等小学校（現竹田市立竹田小学校）に通っていたので、学校の裏にある「岡城跡」（国指定史跡）は、〝遊びの場〟としてなじみのあるスポットだった。後に廉太郎が『荒城の月』を作曲する際に、影響を与えた〝荒城のモデル〟が「岡城跡」であるといわれている。

竹田市は、大分県南西部の熊本県・宮崎県の県境に位置し、市内中心部の城下町は周囲を山に囲まれた盆地である。街への出入りにはトンネルを通らねばならないことから「レンコンのまち」と呼ばれている。特急列車を利用すると、大分駅からは約一時間、熊本駅からは約二時間の距離である。

「岡城跡」は、竹田の街を見下ろす海抜三〇〇メートル強の台地に位置する山城跡である。山城といっても、駐車場や受付・料金所がある「総役所跡」までは自動車で行けるため、「本丸跡」へは片道二〇分ほどのウオーキングである。

岡城内の建造物は、ご多分に漏れず明治維新の廃城令によってすべて破却されているため、現存するのは「石垣」のみである。しかし、荒れ果てた城跡の「石垣」であるからこそ、「昔の栄華」を語りかけてくる。まさに『荒城の月』の歌詞にある「昔の光今いずこ」である。廉太郎も感じたに違いない「岡城跡の石垣＝荒城イメージ」をぜひ体感したいものだ。

岡城跡　三の丸跡（提供：竹田市教育委員会）

この石垣は、豊臣秀吉の時代、一五九四年に三木城（兵庫県三木市）から領地替えにより岡城主となった中川秀成《なかがわひでしげ》が、三年がかりの大改築を行い、「総石垣の城郭」を築いたものである。絶壁上に築かれた「三の丸の高石垣」は、「横矢掛り」といって屏風のようなジグザグの形をしている。また、「大手門跡」ではアーチ状に積まれた石垣を見ることができる。城跡を散策しながら、石垣による「剛と優」の競演を楽しむことができるのも「岡城跡」ならではの醍醐味である。

この「岡城跡」をモチーフとして作曲された『荒城の月』には、〝二つの曲〟があることをご存知だろうか。一つは廉太郎が作曲したオリジナルの「原曲」。もう一つは、廉太郎没後の一九一七年に

「山田耕筰が編曲」したものである。原曲と編曲版ではいくつかの違いがある。原曲はもともと無伴奏（アカペラ）であったが、耕筰はそれにピアノの伴奏を付けた。また、ロ短調の原曲からニ短調へ移調するとともにテンポをゆっくりにした。そして一番大きな変更点が、歌詞の「花の宴《えん》」のところの「え」の音を、原曲より半音下げている（原曲についていた♯を削除した）ことだ。

当時ニューヨークでも活動していた耕筰は、海外で原曲を披露した時に「日本の曲に聞こえない。東欧の音楽のようだ」という評価を受けた。その原因が「花の宴《えん》」の「え」についている♯が、ハンガリー音階をイメージさせることによるものだと判断した耕筰は、♯を取ることで「日本らしさ」を求めざるを得なかったのではないだろうか。

私が幼少の頃、音楽の授業で教わったのは「耕筰の編曲版」だったため、ずっと「原曲」の存在を知らなかった。大学生の時、大分県芸術祭主催「合唱音楽の夕べ」で、アカペラの原曲を歌う機会があり、廉太郎の「西洋に負けない質の高い音楽を、日本の音楽教育発展のために」という渾身の作品に触れることができた。そして、廉太郎の想いとは逆に「日本らしさ」を追求するために編曲されてしまった『荒城の月』の運命に悲憤慷慨したのを今でも覚えている。

竹田の街には「原曲」が溢れている。冒頭で紹介した豊後竹田駅の列車到着時の音楽をはじめ、瀧廉太郎記念館の傍にある「廉太郎トンネル」内のオルゴールの音色などで「原曲 荒城の月」が流れている。竹田というのは、原曲が似合う街である。

（参考文献）竹田市教育委員会 まちづくり文化財課『国指定 岡城跡』

屋久島の森林と巨岩と水　日本最初の世界自然遺産

三笠郁夫

鹿児島県

屋久島といえば、「縄文杉」。縄文杉への人気のトレッキングに行くには朝五時頃屋久杉自然館に集まり、バスで標高六〇〇メートルの荒川登山口まで行く。六時頃から歩き始めるが、なんと二時間半もトロッコ道を歩く。こんな山奥に誰がいつ何のためにこんなトロッコを作ったのか？　と疑問に思いながら延々と歩き、トロッコの終点、標高九二〇メートルの大株歩道入り口に辿り着く。屋久島の自然遺産は、この標高レベルにより生態系が変わってくるところが重要なポイントなので、標高の数字を意識しながらのトレッキングとなる。島では樹齢一〇〇〇年を超えた杉だけを屋久杉と呼ぶらしい。屋久杉の森林は、標高七〇〇メートルから一五〇〇メートルにあり、標高一三〇〇メートルまで登ってくるとやっと胸高周囲（一六・一メートル）で最長樹齢（約七〇〇〇年といわれる）の縄文杉に会うことができる。その存在感と自然美に圧倒される。神仏に出会いそうなパワースポットである。

屋久島は、海洋プレートの沈み込み帯に位置し、その付加体である堆積岩に花崗岩が貫入してできた島で、九州最高峰、標高一九三六メートルの宮之浦岳《みやのうらだけ》を頂点とする巨大な花崗岩の岩のかたまりのようなもの。宮之浦岳周辺の山を屋久島の人々は奥岳と呼んで、神が住んでいると信じてきた。山岳信仰があり「無病息災」を祈願するため山頂近くの岩屋で祈祷する岳参りの風習が残っている。太《た》忠岳《ちゅうだけ》の頂上には、神の石天柱石と呼ばれる高さ四〇メートルの巨石もある。

屋久島を不思議な魅惑の島に育て上げたのは、水の循環がなせる業。海からの湿気が風に乗り、屋久島の山を駆け上がり、山の上で冷やされ雲を作り、そして雨を降らせる。山と里が近い屋久島は山でできた雲が里まで届き、そこでも大量の雨を降らす。〝屋久島にはひと月三五日雨が降る〟という言葉まである。結果として、宮之浦岳には冬雪が降り、冬山の世界になる。一方、島の周辺（里）には、いたるところに亜熱帯の樹木の森がある。巨大な木根の中間ガジュマルや志戸子《しとご》ガジュマル公園も一見の価値がある。巨石に降った大量の雨は、富士山のような伏流水とならないので、多くの川となって直接海に流れ出る。島を一周すると川や滝の多さと美しさに驚く。龍神の滝、トローキの滝、千寿《せんぴろ》の滝、そして、最大級の大川《おおこ》の滝は必見。

ふれあいの島（撮影：筆者）

この大量に降る雨こそが、屋久島の苔むす森を作り上げ、世界にも類を見ない屋久杉を育てる。そして栄養とミネラルの豊富な水が海に流れ、味の良いトビウオやソウダガツオを育てる。この水の循環が屋久島の人々の生活を支える。

屋久島の歴史を学ぶと、その時代時代で屋久島の自然遺産を人々が活用しながら生活の糧を得て、それでいて神格化したこの貴重な自然を保護する人々の暮らしが垣間見えてくる。

海の幸には恵まれているが、岩の島なので田畑に恵まれていない。屋久杉は高級な建築材料になる。

屋久島の人は、海のトビウオやカツオやウミガメを大事にする。「トビウオ招き」という儀式があり、ウミガメの卵を食べたり、保護したりした歴史ももつ。屋久島の鰹節は、「薩摩節」として重宝された。

屋久杉の保護と活用（伐採）の歴史は複雑だ。人々が神格化した、奥岳と屋久杉の森は、室町時代まで殆ど手付かずの自然だった。活用の最初の言い伝えは、秀吉が屋久杉の建材価値を聞きつけ、京都に造る大仏殿のために屋久杉献上の沙汰を島津義久に出した時。次は、江戸時代、財政難に陥った薩摩藩が屋久杉に目をつけ、米の代わりに杉の平木を年貢代わりに活用した。そして、大正時代に本格的な伐採の時代となる。「屋久杉自然館」や「屋久杉ランド」に行くと、いろいろ屋久杉について学ぶことができる。江戸初期、屋久聖人、泊如竹《とまりじょちく》が登場し、〝神の許しを得た〟と言って島民を説得し、薩摩藩／屋久島の財政を助け、住民の生活を豊かにする屋久杉を活用した。

江戸時代薩摩藩の管理下にあった屋久杉は、明治に入り国有林となり、切ることができなくなった。大正に入り、「屋久島国有林経営の大綱」が出て、本格的な伐採が始まった。トロッコ道はその時（一九二三年頃）に作られたもので、今もそのトロッコを走らせることができる。当時、標高六六〇メートルのトロッコ道の途中に小杉谷という村ができて、小中学校もあったという。最後の保護の歴史は、一九九三年、島民の総意で「屋久島憲章」を作り、日本最初の世界自然遺産となった。

この日本が誇る雄大で世界にもまれな世界自然遺産は、一度では物足りないかもしれない。屋久島は本当に魅力的で探究心をそそられる場所だ。博多から屋久島に移住したレストランオーナーの言葉が忘れられない。

〝この島のゆるやかな時間の流れに魅力を感じて移り住んだ〟

沖縄県

久米島　天国のように美しい「はての浜」

三宅宏

コロナ禍で、ここ三年近く飛行機を使っていない。期限切れのマイレージが結構あった。どこに飛ぼうか？　そうだ、まだ行ったことがない南の島！

久米島は沖縄本島西一〇〇キロ。人口七五〇〇人、周囲四八キロの離島である。古くは「琉球で最も美しい島」の意味で「球美《くみ》の島」といわれた。昔から稲作に適し、久米島という名になったとの説もある。羽田から飛行機で二時間半、那覇から三〇分。四月の初め、あまり期待せずに骨休めに三泊とした。那覇経由で一四時半、初めての久米島に降り立つ。平日でなにしろ人が少ない。車も少ない。自然は多い。観光客は宮古島や石垣島の一〇分の一である。観光化されていないのでのんびりしているが、全くのド田舎でもない民度の高さも感じる。まずはタクシーで空港近くの一番良さそうなホテルにチェックイン。全室オーシャンビューで、目の前のシンセ浜は底の白砂が見えるほど透明度が高い。外洋はコバルトブルー。さあどこに行こうか。天気は曇り。急遽飛んだので事前準備が全くない。二時間貸し切りの観光タクシーを頼むことにした。

見るべきところを解説付きでゆっくり回ってくれた。こちらの人はゆったりと話してくれてとても心地よい。人の手が加えられていない根元から枝が八方に広がるそれは見事な「五枝の松」、下り坂に見えるのだが実は登り坂の不思議なお化け坂、日本の渚１００選の「イーフビーチ」、世界でも珍しい柱状節理を上から眺められる、正六角形の六〇〇万年前のマグマが急速に冷えた「畳石」、真謝《まじゃ》のフクギ林、太陽の位置で一年の暦を独自に読んだ「ウティダ石」、サンゴ礁の海や遠く粟国島《あぐにじま》、慶《け》良間《らま》諸島を望める比屋定《ひやじょう》バンタ展望台など一通りぐるりと島を回れた。

沖縄のソーキ蕎麦は大好きであるが、こちらは鮮魚に恵まれない。亜熱帯だから仕方がない。ところが、この久米島は朝獲れ鮮魚が夕食に並ぶ新鮮さなのである。特に車エビの養殖が盛んで、活海老料理も盛んである。ホテルで朝獲れ鮮魚のお任せ刺身盛りを頼んだが、沖縄ではお目にかかれないシコシコ新鮮な魚貝類が五種類。しかも活き車海老は塩焼き、天ぷら、刺身、どれも食べたことのない甘さなのである。海老好きの私にはたまらない味。

クルーズ船とはての浜（撮影：筆者）

翌朝レンタカーを借り、早速車エビの養殖場に車を走らせた。残念、活き車海老の郵送は三月末まで。今日は生憎の雨。まずは頭の中が車海老なので、シンガポールのジャパンフードコンテストで優勝した海老ラーメンのお店に予約して行った。コンクリート造りの平屋に「ゆくい処　笑島《わじま》」の木の看板。その脇にこのお店のシンボルの山羊のペンキ絵。中に入ると結構広々としていて眺めがいい。なるほど裏手に山羊の牧場がある。名物は車海老蕎麦。前菜に車海老串揚げ三本三〇〇円を頼む。旨い。これで三〇〇円とは信じ難い。

待ちに待った車海老蕎麦が運ばれてくる。島もやしの上に立派な車海老が鎮座。この車海老は脱皮したばかりの柔らかいソフトシュリンプである。頭までむしゃむしゃいける。脇にむき身の車海老。なんという贅沢さ。濃い色のスープをすする。なんという濃厚な味。鰹節と昆布でとった、あっさりした沖縄蕎麦とは対照的だ。頭や殻まで煮だした海老の濃厚なスープに早くもノックアウト。笑島では素材すべてが久米島産のこだわりなのだ。

生憎の雨模様だったので、久米島博物館、奥武島のウミガメ館、久米島紬のユイマール館を見て回った。歴史的には大島紬より久米島紬が一〇〇年早いとのことだった。夜は島の人たちが集う島一番の居酒屋に行ったが、生憎の時化で新鮮な魚介類がなかったのは残念だった。チャンプルーなどどれも美味しく、料金は東京の半分。明日の天気に期待して、離島のはてな島クルーズに申し込む。

雲間から南の太陽が顔を出した。朝食後、ホテルまでクルーズの出発地に送迎バスが来てくれる。ライフジャケットを着こんで小さなクルーズ船に乗り込む。白い水しぶきを上げながら船は沖合に進む。波高し。期待も膨らむ。はての浜は、三つの砂洲からなる長さ約七キロの絶景の無人島。白い砂洲が見えてきた。港も何もない。ビーサンに履き替える。船を浅瀬で止め、ズボンをまくり上げいざ着水。無人島に漂流した難破船さにあらん。砂浜は真っ白。見渡す限り一直線に浜が広がる。誰もまだ踏み入れていないバージンロードを進む。ちょっと砂浜に座ってみた。目の前はどこまでも広がる青い美ら海、空もブルー。そして純白の砂浜。波は押しては引く。青と純白のコントラスト。どこにも人工物が見当たらない。なんと美しい無人島なのであろう。浜辺にただ座って絶景を見つめる。何も足さない。何も引かない。やはり久米島は琉球一美しい島であった。帰りの飛行機の窓から名残の白い浜が見えるではないか。「はての浜」はまさに天国に一番近い砂浜なのである。

宮古ブルー、まさに絶景

沖縄県

遠藤雅也

十数年前にバンコクに駐在していた頃、一時帰国で日本の用事を済ませた後、日本を午前中に出発するバンコク行きの便に乗ることが多かった。出発後二時間弱経つと先島諸島の島々が見えてくる。天気が良いと、青い海の中、真っ白な砂浜を持った島々が次々と見え隠れし、サンゴ礁の浅瀬が微妙な青のグラデーションを作っていた。仕事を離れたら、こんな島々へぜひ滞在したいと思いつつ、喧騒のバンコクへ帰っていた。

コロナ禍が始まって半年ほど経過した二〇二〇年の秋に、いつもチェックしているニュースサイトにスカイマークエアラインの新路線の記事が載った。羽田空港と神戸空港から下地島《しもじじま》への路線を試験的に開設するというものだった。下地島は伊良部島《いらぶじま》経由で宮古島と地続きとなっている。

もう三〇年以上前になると思うが、下地島に着陸訓練を行う飛行機の様子がテレビＣＭで使われていたことがある。海の中を真っすぐに伸びる着陸灯の上を、今まさに着陸しようとするジェット機が通り過ぎる。背景の澄み切った青空と、真っ青な海の色が実に印象的だった。この海の色が「宮古ブルー」と呼ばれることを知ったのは後年のことだ。ニュース記事を読んだとたん、この着陸シーンの映像が鮮やかによみがえってきた。

早速開設されたばかりのスカイマーク便を予約し、コロナ禍の旅行支援を使って宮古旅行を敢行したのが、その後の宮古島体験の始まりだ。

　宮古島は周辺を五つの島に取り囲まれている。その中で大神島《おおがみじま》を除く四島（池間島《いけまじま》、来間島《くりまじま》、伊良部島、下地島）とは橋で接続されている。伊良部島との架橋（伊良部大橋）は二〇一五年に開通した。全長三・五キロの無料橋は日本最長である。中心にある宮古島は全体に平べったい形をしており、高低差が少なく、目立った河川が存在しない。それが有名な宮古ブルーを可能にしている。まことに稀有な条件のもと、あの絶妙の色合いが成立しているのだ。

与那覇前浜ビーチ（撮影：筆者）

　島の地形は西側と南側に砂浜が多く、東側から東南部にかけてはやや切り立った崖となっている。宮古島空港は、島の中央からやや北西寄り、島の中心部である平良《ひらら》地区に位置しており、至便の立地だ。前述の下地島空港からは、伊良部大橋を経由して車で市内中心部まで約二五分の旅程だ。
　島の周囲は一〇〇キロ程度の小さな島なので、主な観光地をざっと訪れながらレンタカーで一周するだけなら一日で事足りる。池間島、来間島、伊良部島も含めてじっくり見たいというなら二日必要だ。
　一大スペクタキュラーは島の南東部にある東平安名崎《ひがしへんなざき》だ。雄大な東シナ海を望む高台に立つ灯台に登ると、白波の押し寄せる断崖、コバルトブルーの海、そして反対側に宮古の市内が一望できる。東平安名崎から県道八三号を西に進むと、起伏にとんだ海岸沿いを走り、インギャーマリンガーデンを経てシギラリゾートに至る。

シギラリゾートは島の南部に位置する一大リゾートだ。

シギラリゾートからさらに県道を時計回りに進むと、世界一のビーチといわれる与那覇前浜《よなはまえはま》ビーチに至る。与那覇前浜ビーチから来間島へは来間大橋が架かっている。来間島の竜宮城展望台から見る与那覇前浜ビーチと海は、これぞ宮古ブルー、まさに絶景だ。

県道をさらに北上すると、中心部の平良地区に至る。ここは宮古島の中心街で、数々のホテルや飲食店が建ち並ぶ。足のない場合、この平良地区に宿泊するのも一法だ。ホテルから徒歩圏内にある飲食店も多い。またバス発着の中心地であり、交通の便も良い。なお、宮古島の飲食の人気店は大変混んでおり、事前予約が必須だ。

平良からは伊良部大橋経由で伊良部島、下地島へと続く。この二島では最近海に面した一棟貸しの高級ヴィラがたくさんでき、旅の選択肢が大きく広がった。

平良からさらに北上すると、池間大橋を経て池間島に至る。橋の手前にある雪塩ミュージアムは宮古島に来る観光客が必ず立ち寄ると言っても良い定番の買物処だ。宮古島海中公園なども途中にある。

さらに島の東側を南下すると、比嘉ロードパーク、浦底漁港などを経て、最初の東平安名崎に戻ることになる。宮古島訪問のベストシーズンは六月～八月頃で、この時期を過ぎると台風のリスクがある。天候ばかりは運任せになるが、一度でも正真正銘の宮古ブルーを目にしたら、リピーターになること請け合いだ。

エリアMAP

北海道・東北エリア

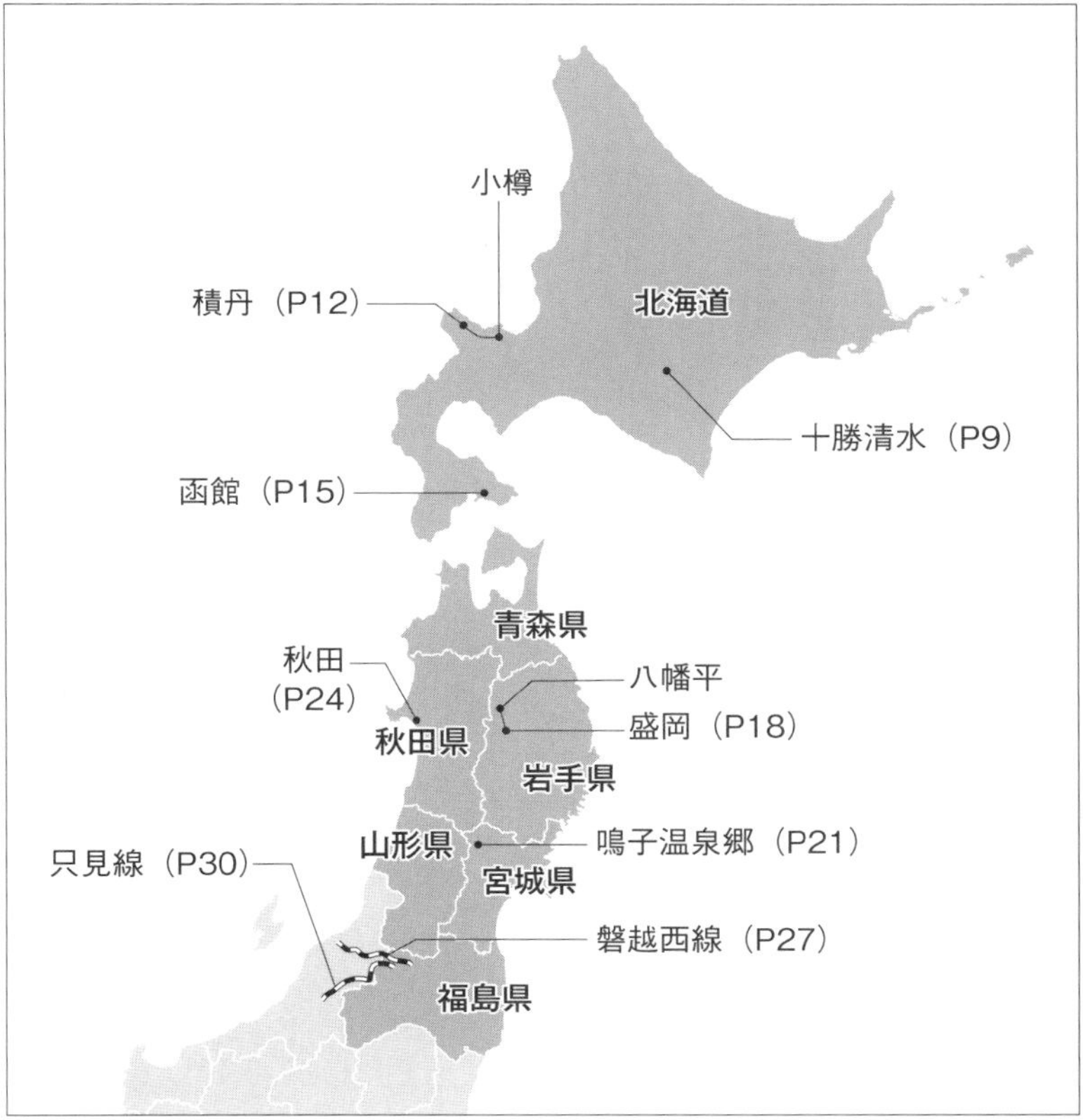

関東・甲信越エリア

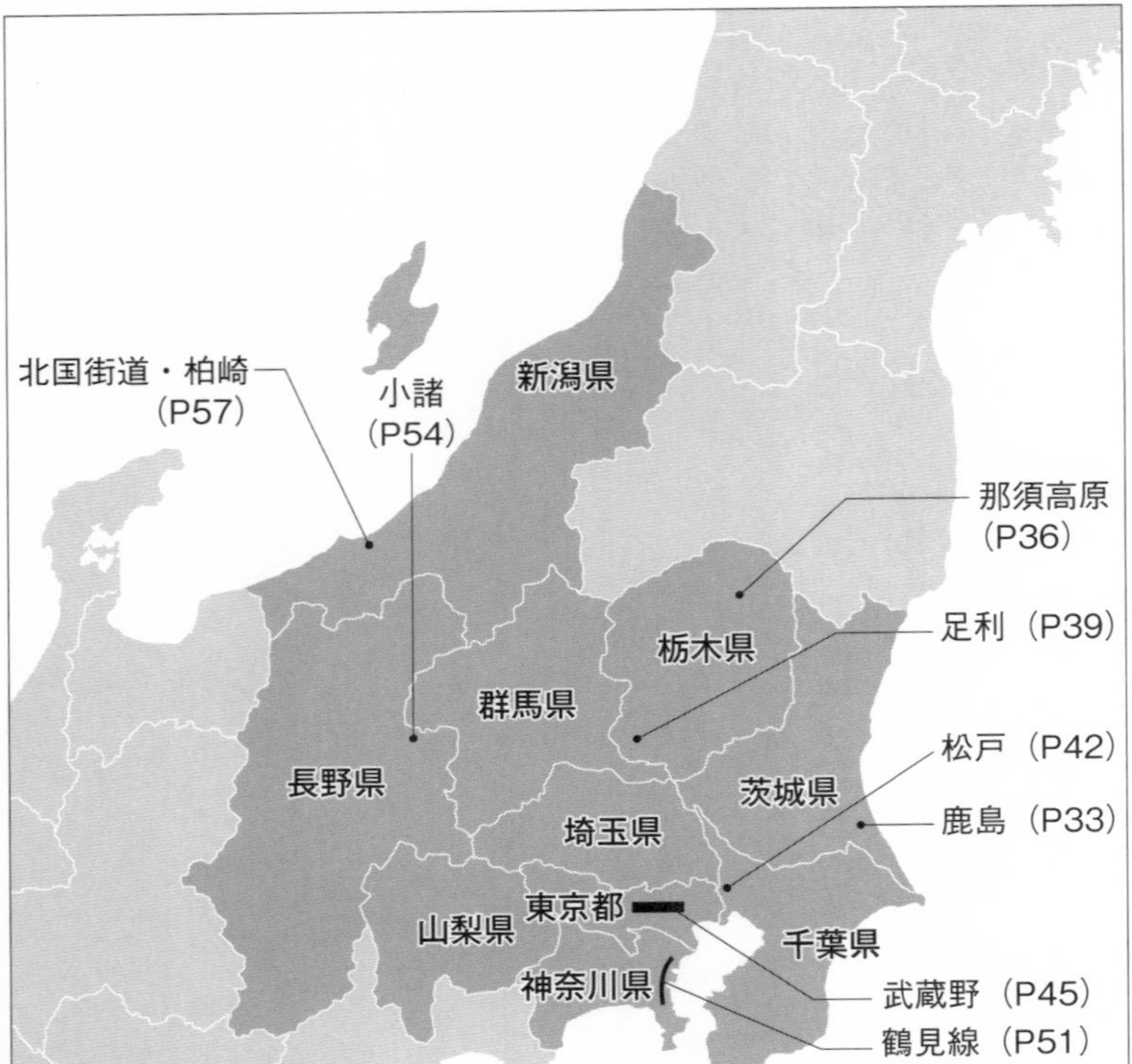
北国街道・柏崎
（P57）
小諸
（P54）
新潟県
那須高原
（P36）
栃木県
足利（P39）
群馬県
長野県
松戸（P42）
茨城県
鹿島（P33）
埼玉県
東京都
山梨県
千葉県
神奈川県
武蔵野（P45）
鶴見線（P51）

東海・北陸エリア

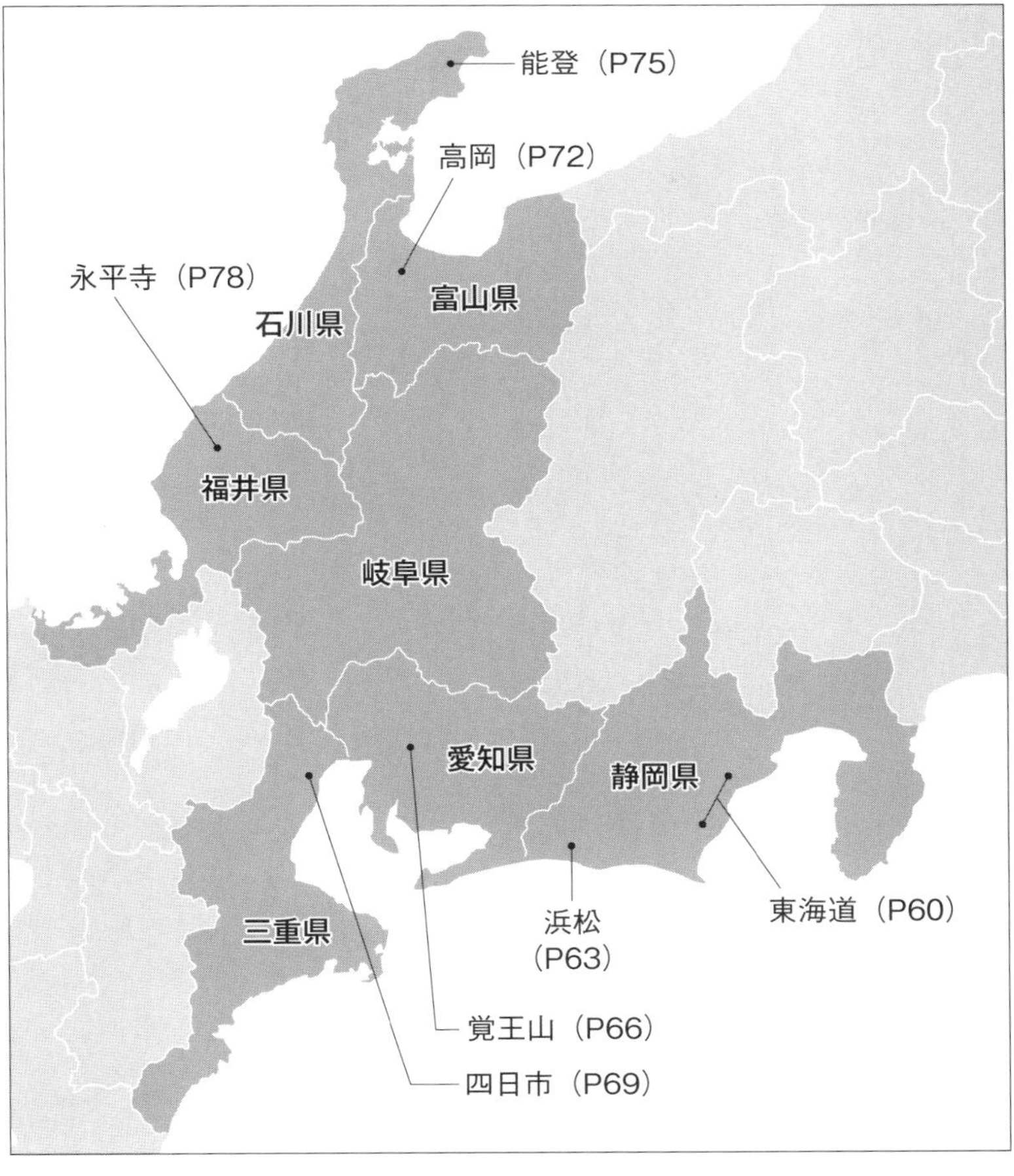
能登（P75）
高岡（P72）
永平寺（P78）
富山県
石川県
福井県
岐阜県
愛知県
静岡県
三重県
浜松
（P63）
東海道（P60）
覚王山（P66）
四日市（P69）

関西エリア

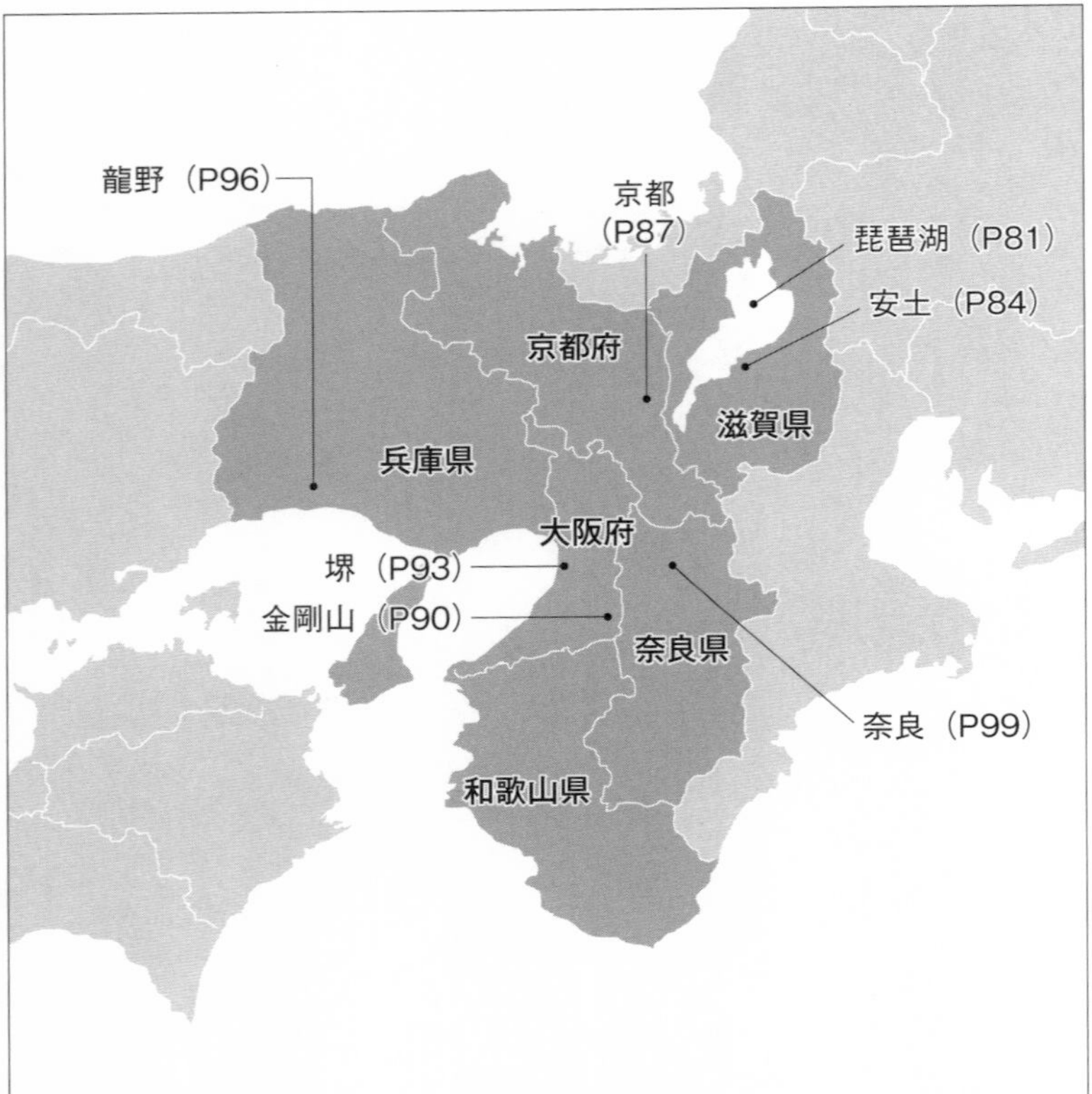

龍野（P96）
京都
（P87）
琵琶湖（P81）
安土（P84）
京都府
滋賀県
兵庫県
大阪府
堺（P93）
金剛山（P90）
奈良県
奈良（P99）
和歌山県

中国・四国エリア

出雲
（P102）
高梁
（P105）
鳥取県
島根県
岡山県
萩
（P108）
広島県
岡山
直島（P117）
四国中央
（P123）
香川県
高松（P114）
山口県
徳島県
長登銅山
（P111）
愛媛県
高知県
琴平（P120）

九州・沖縄エリア

北島
（P129）
対馬（P132）
小倉（P126）
福岡県
佐賀県
大分県
長崎県
熊本県
豊後竹田
（P141）
五島列島
（P135）
宮崎県
人吉（P138）
鹿児島県
沖縄県
屋久島
（P144）
久米島
（P147）
宮古島（P150）

得丸英司（とくまる えいじ） 日本生命 ……九州・沖縄（141）

★**萩野弘二**（はぎの こうじ） クレハ ……北海道・東北（30）

平井隆一（ひらい りゅういち） 太平洋セメント ……北海道・東北（21）

平尾光司（ひらお こうじ） 日本長期信用銀行 ……東海・北陸（69）

藤田　卓（ふじた たかし） 丸紅 ……関東・甲信越（45）

真木郁夫（まき いくお） 住友金属鉱山 ……中国・四国（123）

真瀬宏司（ませ ひろし） 日本IBM ……北海道・東北（18）

★**松本一紀**（まつもと かずのり） 東京電力 ……関東・甲信越（57）

三浦陽一（みうら よういち） 丸紅 ……関東・甲信越（51）

三竿郁夫（みさお いくお） 日立GST ……九州・沖縄（144）

水嶋一樹（みずしま かずき） 三菱マテリアル ……東海・北陸（63）

水野秀雄（みずの ひでお） みずほ銀行 ……東海・北陸（66）

水野　勝（みずの まさる） 丸紅 ……北海道・東北（15）

三宅　宏（みやけ ひろし） キッコーマン ……九州・沖縄（147）

宮武里美（みやたけ さとみ） I&S BBDO ……東海・北陸（60）

森岡道博（もりおか みちひろ） みずほフィナンシャルグループ ……北海道・東北（12）

矢ヶ崎隆二郎（やがさき りゅうじろう） 三菱UFJ信託銀行 ……関東・甲信越（54）

矢島健児（やじま けんじ） 三菱マテリアル ……中国・四国（111）

★**山口　隆**（やまぐち たかし） 丸紅 ……関東・甲信越（42）

山之内憲夫（やまのうち のりお） 三菱重工業 ……中国・四国（120）

★**横井時久**（よこい ときひさ） 丸紅 ……九州・沖縄（138）

（出身企業・団体は、執筆者の申し出による）

執筆者一覧（あいうえお順）　★は編集委員

名前	出身企業・団体	執筆地域（ページ数）
赤堀智行（あかほり ともゆき）	アストラゼネカ	……北海道・東北（9）
秋山武夫（あきやま たけお）	ピルスベリー	……関東・甲信越（39）
秋山　哲（あきやま てつ）	毎日新聞	……関西（87）
★市古紘一（いちこ こういち）	朝日生命	……北海道・東北（27）
越後屋秀博（えちごや ひでひろ）	三菱UFJ銀行	……北海道・東北（24）
遠藤恭一（えんどう きょういち）	三井物産	……九州・沖縄（132）
遠藤雅也（えんどう まさや）	帝人	……九州・沖縄（150）
織田文雄（おだ ふみお）	日新製鋼	……九州・沖縄（135）
角谷充弘（かくたに みつひろ）	昭和電工	……関西（99）
川﨑有治（かわさき ゆうじ）	富士フイルム	……東海・北陸（72）
木口利男（きぐち としお）	富士銀行	……中国・四国（105）
★見目久美子（けんもく くみこ）	富士通	……東海・北陸（75）
小林慎一郎（こばやし しんいちろう）	三菱マテリアル	……関東・甲信越（48）
合田隆年（ごうだ たかとし）	UBE	……中国・四国（114）
櫻井三紀夫（さくらい みきお）	日立製作所	……関西（81）
佐々木一成（ささき かずなり）	日本政策投資銀行	……関西（96）
七字祐介（しちじ ゆうすけ）	大成建設	……関西（93）
新宮清志（しんぐう きよし）	日本大学	……中国・四国（108）
角　忠夫（すみ ただお）	東芝	……関西（90）
千崎滋子（せんざき しげこ）	トーマツ	……中国・四国（117）
髙橋宣治（たかはし よしはる）	リクルート	……関東・甲信越（ 36）
段谷陽一郎（だんたに よういちろう）	段谷産業	……九州・沖縄（126）
段谷芳彦（だんたに よしひこ）	丸紅	……中国・四国（102）
坪井荘一郎（つぼい そういちろう）	みずほ銀行	……東海・北陸（78）
寺尾勝汎（てらお よしひろ）	丸紅	……関東・甲信越（33）
★寺田　弘（てらだ ひろし）	住友軽金属工業	……関西（84）
東條是樹（とうじょう よしき）	日本IBM	……九州・沖縄（129）

おわりに

一般社団法人ディレクトフォースは、二〇〇二年に企業などの経営幹部経験者がその知見・人脈を生かして社会貢献、自己研鑽することを目的に設立された。現在、約六〇〇名の会員を擁し、各方面で活動、交流の輪を広げている。その中の観光立国研究会は、国の観光立国と地方創生の政策に関心があり、併せて普段から旅行が好きな約三〇名の会員で立ち上げられた。二〇一三年のことである。

当時は日本に来る観光客は少なく、むしろ外国に出ていく日本人の数の方が多かった。これが逆転したのは二〇一五年であり、訪日観光客は二〇〇〇万人近くとなった。このような変化の中で、観光立国研究会の問題意識は、観光客を受け入れる日本人の意識はどうあるべきか、インフラの整備は、観光資源の見直しと発掘にどう寄与できるかなどにあった。観光庁の人とも何度か意見交換もした。

そのうちに旅の本発刊のアイデアが出てきて、二〇一七年の『日本再発見紀行　第一集』に結実した。その後、ほぼ二年に一度のペースで発刊を続けており、この本を巡る観光研究会の目指すところは、「美しき日本再発見、そして観光による地域おこし」である。発刊後は、各執筆者は本を携えて地方自治体やさまざまな観光施設に関連する人々を訪問し、地方創生の一助となるべく微力を尽くしている。『日本再発見紀行』の読者の皆さんもこれを契機に旅に出かけ、旅を大いに楽しむことはもとより、現地の人々との交流も試みていただければと思う。その輪が多くの地域に広がって活性化につながり、美しい日本がさらに輝いていくことを期待したい。

観光立国研究会は発足以来、横井時久氏が長年代表世話人を務め、会の発展・継続に多大な貢献をされてきたが、二〇二三年五月に、わたくし市古が代表を引き継いだ。横井氏の長い間の会の運営のご尽力に敬意を表すとともに、新たな体制の下で、より綿密な活動を目指し、観光分科会、地域おこし分科会、出版分科会、教育分科会、のチーム制としてさらなる発展を期したい。

（観光立国研究会　代表　市古紘一）

著者プロフィール

一般社団法人 ディレクトフォース 観光立国研究会

設立：平成14年9月24日　一般社団法人 ディレクトフォース
設立の目的：「社会貢献」「自己研鑽」「交流の輪」
登録会員数：557人（2023年8月末現在）
観光立国研究会：代表　市古紘一
住所：東京都港区新橋1-16-4　りそな新橋ビル7F
ホームページアドレス：http://www.directforce.org
著書：『日本再発見紀行　平成の今を伝えるこころの旅路』
（2017年6月、文芸社刊）
『日本再発見紀行　第二集　平成の名残りを伝えるこころの旅路』
（2019年4月、文芸社刊）
『日本再発見紀行　第3集』
（2022年5月、幻冬舎刊）

日本再発見紀行　第四集 ～私の旅編

2024年1月15日　初版第1刷発行

著　者　一般社団法人 ディレクトフォース 観光立国研究会
発行者　瓜谷 綱延
発行所　株式会社文芸社
〒160-0022　東京都新宿区新宿1－10－1
電話　03-5369-3060（代表）
03-5369-2299（販売）

印刷所　図書印刷株式会社

ISBN978-4-286-24506-5